Doris Baumann

Deutsche Schäferhunde

43 Farbfotos
20 Zeichnungen

Ulmer

Inhalt

Vorwort

Viele Hunde waren mir im Leben treue Begleiter und oft lege ich in Gedanken mit jedem einzelnen eine Wegstrecke gemeinsam zurück. Dabei fällt mir auf, dass kein Hund dem anderen glich; auch innerhalb einer Rasse gab es – für den Außenstehenden nicht erkennbare – feine Unterschiede. Und wenn ich in meinen Erinnerungen bis in die Kindheit zurück gehe, war der erste Hund der Deutsche Schäferhund Alf im Hause meiner Großeltern. Auch nach Alf lebten dort als Bewacher des Gehöfts und tolle Spielkameraden für uns ältere Kinder Schäferhunde. Das Pferdegespann meines Großvaters wurde stets von einem stattlichen Vertreter dieser Rasse begleitet.

Lange bevor wir Deutsche Doggen und andere Klein-, Mittel- und Großrassen hielten und züchteten, besaßen wir den Deutschen-Schäferhund-Rüden Rex. Rex führte eine herrliches Hundeleben und... er hatte eine Aufgabe. Wenn die tagsüber auf der Koppel angepflockten Bullen abends in den Stall gebracht wurden, war Rex ein emsiger Helfer. Die gar nicht so friedfertigen Stiere kannten ihn und scheuten nicht, wenn er ihnen zu nahe kam.

Heute schaue ich gerne den Schäfern auf der Schwäbischen Alb zu und bewundere die Hütearbeit der Schäferhunde. Worte sind da selten nötig, denn die Hunde kennen ihre Aufgabe und reagieren schon auf ein Sichtzeichen ihres Schäfers. Anlässlich des traditionellen Schäferlaufs in Bad Urach findet auf der Alb das Preishüten statt, welches ich mir natürlich immer ansehe. Hier geht der Schäferhund seinem angestammten Aufgabenbereich nach. Nirgendwo sonst kommen alle Fähigkeiten des Deutschen Schäferhundes so deutlich zum Tragen.

Wer die Möglichkeit hat, einmal ein wenig Zeit bei den wortkargen Schäfern zu verbringen und ihre Hunde zu beobachten, wird sich auch der Faszination nicht erwehren können, die vor hundert Jahren zur Begründung der Hunderasse führte, die heute weltweit in Führung liegt.

Bad Urach, im Frühjahr 2000
Doris Baumann

Der Hund des Schäfers

Rechte Seite:
„Meine Ohren wollen zwar noch nicht so ganz, aber sonst bin ich doch schon fast so schön wie mein stattlicher Nachbar."

„Schäfer fahr zu! Noch eine Tagreise nur!
Dann wird geweidet, dann soll sich laben
Hungrige Herde auf saftiger Flur,
Einmal kommt wieder die Rückfahrt nach Schwaben,
Schäfer fahr zu!
Drüben bei Freiburg, am Rhein hast du Ruh."

Die Ahnen

Der Schäfer, der mit dem Zuruf „Fahr zu!" über die kargen Hochflächen der Schwäbischen Alb zieht, wenn er mit seiner Herde nach Südwesten wandert, wird wie eh und je von seinen Schäferhunden begleitet. So wie lange vor unserer Zeitrechnung, streifen auch heute die Hirten über Berg und Tal und gerade dort, wo die Äsungsflächen für jede landwirtschaftliche Nutzung unrentabel sind, finden die genügsamen Schafe immer noch ihre Lebensgrundlage.

Schon altrömische Schriftsteller beschreiben Hunde als Wächter und Beschützer der Herden. Welchen Rang diese Hunde einnahmen, belegt ein frühmittelalterliches Gesetz in Deutschland, nach dem das Töten eines Hütehundes mit hohen Geldstrafen geahndet wurde. Diese wehrhaften, großen Schafrüden von damals eigneten sich als Schutzhunde gegen zwei- und vierbeinige Schafdiebe auf den weitläufigen Weideflächen.

Als dann später ehemaliges Weideland zu Kulturland wurde – Wolf, Luchs und Bär waren längst ausgerottet – mussten die Hunde wendiger, leichter führig sein, denn sie verrichteten ihre Arbeit auf engem Gehüt und hielten die Schafe von den Kulturpflanzungen fern. So wie sich die Hüteanforderungen änderten, entwickelten sich in verschiedenen Ländern Europas gegen Ende des 18. Jahrhunderts einander ähnliche Hundetypen.

„...Man wählte für die veränderte Dienstleistung des Schäferhundes überall unter der Masse rascherer Landhunde solche Exemplare, deren äußere Erscheinung eine besondere Befähigung für jenen besonderen Zweck in Aussicht stellte. ...Bewährte sich die Wahl solcher Exemplare, so suchte man dieselben mit ähnlichen Typen zu paaren..." (Beckmann 1894)

Die Forderungen nach Hütetauglichkeit berücksichtigen vor allem körperliche Ausdauer, leichte Führigkeit beziehungsweise Gelehrigkeit, und der Hund musste sich robust gegenüber der Unbill des Wetters zeigen. Zotthaarige Hunde waren der Vorstellung des erwünschten, flinken Hütehundes eher abträglich; der stockhaarige Schäferhund war gefragt. Die sogenannten Altdeutschen Schäferhunde und die zotthaarigen konnten sich vor allem in Süddeutschland etwas länger behaupten als in anderen Gegenden.

Die Hunde sollten so mit den Schafen umgehen, dass diese Respekt vor ihnen zeigten. Wenn die Hunde zubissen, durften die Schafe da-

Heute wie vor 100 Jahren: Der Schäfer und seine zuverlässigen Helfer bei der Herde.

bei keinesfalls verletzt werden. Auch durfte das Verhalten der Hunde nicht zur Beunruhigung der Herde führen, ständige Kläffer waren unerwünscht.

Der Weg zum Rassehund

Die Vorfahren des Deutschen Schäferhundes traten noch in vielerlei Varianten auf. Da gab es stockhaarige und rauhaarige Exemplare, sowohl mit Steh-, Kipp- als auch mit Hängeohren oder Schlappohren. Außer den uns heute bekannten Fellfarben gab es Tiere in rein Weiß, Isabell, Blau- und Rotschimmel, Blue Merle, Schecken in allen Zeichnungen und gestromte Hunde. Ein Bild aus Richard Strebel (Künstler und Kynologe, geboren 1860) „Die Deutschen Hunde" zeigt dessen Vorliebe für die Braunschweigischen Schäferhunde, die offensichtlich blue-merle-farbig waren.

Die ersten Ausstellungen

Im Jahre 1882 kamen in Hannover zwei Schäferhunde zur Vorstellung: Kirass, ein grau und weiß gescheckter Hund und Greif, der vollständig weiß war. Zur Ausstellung 1894 in Dortmund erschienen fünf stehohrige Schäferhunde. Im gleichen Jahr fand in Berlin eine Leistungsprüfung statt, zu der bereits 22 Schäferhunde erschienen.

Vereinsgeschichtliches

Der Kynologische Verein „Phylax", der bereits 1891 in Berlin gegründet worden war, betreute nicht nur die Schäferhunde, sondern auch die Spitze. Trotz der Bemühungen einiger engagierter Züchter gelang es diesem Verein nicht, den Schäferhund populär zu machen, was letztlich auch daran scheiterte, dass die Berufsschäfer wenig Interesse daran zeigten, ihre Hunde auf Ausstellungen vorzuführen. Die Zucht- und Auslesekriterien der Schäfer waren weniger am äußeren Erscheinungsbild orientiert; wohl aber hatten sich durch strenge Selektion im Laufe der Zeit wesensmäßig einheitlich veranlagte, gelehrige Herdengebrauchshunde herauskristallisiert, deren ruhige und eben zuverlässige Arbeitsweise den Betrachter stets faszinierte. So auch Rittmeister Max von Stephanitz, der bei einem Manöver Gelegenheit hatte, während er einen Befehl abwartete, von einem Hügel aus einen hütenden Schäfer mit seinem Hund zu beobachten. Der Wunsch, ein

Unermüdlich umkreist der Schäferhund „seine" Schafe.

solches Tier zu besitzen, ließ den Rittmeister von da an nicht mehr los. Und wie man weiß, wurde der Wunsch zur Wirklichkeit – die erste Zuchthündin, die Stephanitz am 3. April 1897 erwarb, hieß Freya von Grafrath (der Zwingername von Stephanitz). Sie wurde später ins Zuchtbuch eingetragen; ihre Abstammung war unbekannt.

Gründung des Schäferhund-Vereins

Bei einer Ausstellung für alle Hunderassen im April 1899 in Karlsruhe wurden auch einheimische Hütehunde vorgestellt. Sie wichen in ihrem äußeren Erscheinungsbild noch sehr voneinander ab. Der Name eines der ausgestellten Rüden findet sich immer wieder in den Anna-

10

len der Deutscher-Schäferhund-Zucht: Hektor Linksrhein – später genannt Horand von Grafrath. Horands Großvater war der weiße Greif, gezüchtet von einem Baron von Knigge. Der 1887 geborene Greif wurde vom Schäferhunde-Züchter Friedrich Sparwasser in Frankfurt erworben. Und eine der Urgroßmütter Hektors, die Hündin Mores Plieningen soll gar einer Wolf-Schäferhund-Kreuzung entstammen. In den einzelnen Zuchtlinien waren folgende Rüden stark vertreten: Horand von Grafrath, Beowulf 10, Dewet Barbarossa, Roland von Starkenburg, Graf Eberhard von Hohen-Esp. Für letzteren errechneten Genetiker den hohen Inzuchtkoeffizienten von 39,06 %. Andererseits jedoch führte die starke Inzucht rasch zu einem einheitlichen Typ.

„Horand von Grafrath bedeutete schon an der Wiege des Vereins des Wunschtraumes Erfüllung. Er war mit 60 bis 61 Zentimeter Rückenhöhe groß, mit kräftigen Knochen, schönen Linien und edel geformtem Kopf, das Gebäude trocken und sehnig, der ganze Hund ein Nerv. Dementsprechend auch das Wesen: wundervoll in seiner anschmiegsamen Treue zum Herrn, allen anderen gegenüber eine rücksichtslose Herrennatur, und dazu noch ungebändigte, überschäumende Lebenskraft.

In der Jugend war er leider nicht erzogen, trotzdem in der Hand seines Herrn gehorsam auf den leisesten Wink. Aber sich selbst überlassen, wurde er zum tollsten Unfugstifter, zum wildesten Raufer und zügellosen Hetzer. Nie müßig, immer unterwegs, gutmütig zu harmlosen Menschen, aber kein Schmeichler; ein Kindernarr und immer verliebt. Ihn zu beobachten war ein dauernder Genuß, seinem Besitzer bereitete er oft schweren Ärger. Was hätte aus dem Hund werden können, wenn man damals schon die Diensthundeabrichtung gehabt hätte. Seine Fehler waren Fehler der Erziehung, nicht seiner Anlage. Er litt an unterdrücktem, nicht ausgenütztem Tätigkeitstrieb, denn er war selig, wenn man sich mit ihm beschäftigte, dann war er der lenksamste Hund." (Schneider-Leyer)

Die Einkreuzung von Wölfen, die immer wieder ins Gespräch gebracht wurde, erklärte von Stephanitz 1902 als eine „Versündigung gegenüber unseren Hunden", durch die nichts aber auch gar nichts zu gewinnen sei. Die Folgen solcher Einkreuzungen seien Unzuverlässigkeit, Sprunghaftigkeit des Wesens und Scheuheit der Tiere.

Solche gezielten Wolfseinkreuzungen mögen wohl in Zoologischen Gärten stattgefunden haben. Die Schäfer haben sie aber – aus verständlichen Gründen – ganz sicher nicht ins Auge gefasst.

Was das äußere Erscheinungsbild von Horand anbetrifft, schreibt Räber: „Horand war zwar kein ausgesprochener Ausstellungshund, aber ein vorzüglicher Arbeitshund, denn er war das Ergebnis einer langen Reihe von Herdengebrauchshunden, wie sie damals seit langem in Thüringen, Württemberg und Franken von den Schäfern gezüchtet worden sind."

In Karlsruhe kam es nach entsprechender Vorarbeit der beiden Initiatoren M. von Stephanitz, Grafrath und A. Meyer, Stuttgart, zur

Gründung des Vereins für deutsche Schäferhunde. Schneider-Leyer: „Mit der Wahl des damaligen Kgl. Preuß. Rittmeisters a.D. Max von Stephanitz zum 1. Vorsitzenden hatten die Gründer einen geborenen Kynologen gewonnen, einen Mann von intuitiver Begabung für alle Dinge um den Hund, einen großartigen Organisator, einen Mann von klarem Verstand und unbändiger Hingabe an sein Werk, kurz, jenen einzigartigen Mann, der den neugegründeten Verein zu der größten und erfolgreichsten Züchtervereinigung entwickelte, die heute noch an der Spitze aller kynologischen Organisationen auf der ganzen Welt steht."

Wie es weiterging

Die Hunde, die den Gründern des Schäferhunde-Vereins in den Anfangszeiten der Zucht zur Verfügung standen, waren noch alles andere als einheitlich. So zeigten sich die Schäferhunde in Thüringen kleiner und untersetzter als zum Beispiel die in Württemberg. Während der Thüringer Schäferhund schon das erwünschte Stehohr hatte und auch sonst mit der grauen Wolfsfärbung und seiner sehnigen, fast derben Erscheinung voller Aktivität und Nerv zum Gebrauchshund geradezu prädestiniert erschien, brachte der Württemberger mit den kräftigen Knochen Stamm und dem durch die gute Hinterhand bedingten flotten Gang auch mehr Größe mit. Er hatte noch keine Stehohren.

■ Alt-Württemberger (links) und Alt-Thüringer (rechts) Schäferhund.

Von Anfang an unterwarfen sich die Züchter des Vereins für Deutsche Schäferhunde strengen Zuchtbestimmungen. Man hatte ganz

klare Vorstellungen vom Erscheinungsbild, den Wesensmerkmalen und auch den Einsatzmöglichkeiten des Hundes. Er sollte künftig nicht nur als Herdengebrauchshund seine Arbeit leisten, sondern auch als Polizei-, Melde-, Fährten-, Sanitäts- und Blindenführhund.

Man unterschied noch in verschiedene Schläge und Haararten: Langstock- und Kurzstockhaar, Rau-, Zott- (Altdeutscher Schäferhund) und sogar Langhaar. Der Rassestandard wurde in all den Jahren nur geringfügig verändert und zeigt das Bild des Deutschen Schäferhundes, wie er sich heute weltweit präsentiert.

Verbreitung

Keine andere Hunderasse ist in aller Welt so beliebt wie der Deutsche Schäferhund. Im Jahr 1903 zählte man im Verein 575 Mitglieder, zehn Jahre später schon zehn Mal so viele (5 988 Mitglieder!). Im Jubiläumsjahr 1999 darf sich der SV mit einer Mitgliederzahl von über Hunderttausend als der größte Rassehundezuchtverein der Welt bezeichnen.

1968 wurde die Europa-Union der Schäferhundvereine gegründet. Ziel: eine einheitliche Zuchtauslegung. Im Einvernehmen mit außereuropäischen Vereinen wurde 1974 die Europa-Union in die Welt-Union der Vereine für Deutsche Schäferhunde umgewandelt. Der WUSV gehören 66 Vereine in 57 Ländern an. Seit über zehn Jahren dokumentiert eine WUSV-Weltmeisterschaft die Zusammengehörigkeit der angeschlossenen Vereine.

Während bis zum Jahr 1900 die Spitzenorganisation der bestehenden Rassezuchtvereine das Hundestammbuch führte, ging der Schäferhund-Verein damals einen fast revolutionären Weg: In einem eigenen Zuchtbuch wurden die Würfe eingetragen, deren Abstammung als rein gezüchtet nachweisbar war.

Rassemerkmale und Charakter

Der Deutsche Schäferhund wird in der FCI-Klassifikation (Fédération Cynologique Internationale) geführt unter der
Gruppe 1: Hütehunde und Treibhunde,
Sektion 1: Schäferhunde mit Arbeitsprüfung als vielseitige Gebrauchs-, Hüte- und Dienstgebrauchshunde

Allgemeines Erscheinungsbild

Der Deutsche Schäferhund ist mittelgroß, leicht gestreckt, kräftig und gut bemuskelt, die Knochen trocken und das Gesamtgefüge fest.

13

Toben durchs hohe Gras ist Spaß und Fitnesstraining zugleich.

Rechte Seite: Einmal Schütteln, und das Fell ist nach dem Schwimmen fast wieder trocken.

Wesen

Der Deutsche Schäferhund muss vom Wesen ausgeglichen, nervenfest, selbstsicher, absolut unbefangen und (außerhalb einer Reizlage) gutartig sein, dazu aufmerksam und führig. Er muss Mut, Kampftrieb und Härte besitzen, um als Begleit-, Wach-, Schutz-, Dienst- und Hütehund geeignet zu sein.

Diese Wesensmerkmale kommen dem Deutschen Schäferhund auch zugute, wenn er einen „modernen" Beruf ausübt – als Behindertenbegleithund oder Therapiehund. Nur ein absolut selbstsicherer Hund ist solchen Aufgaben gewachsen.

TIPP

Jeder Deutsche-Schäferhund-Welpe aus SV-Zucht ist im Ohr tätowiert. Die Täto-Nummer dient zur Identifikation und wird beim SV geführt.

Die richtigen Maße

Die Widerristhöhe beträgt für Rüden 60 bis 65 cm, bei Hündinnen 55 bis 60 cm. Die Rumpflänge übertrifft das Maß der Widerristhöhe um etwa 10 bis 17 %, Proportionen harmonisch aufeinander abgestimmt.

Rassestandard des Deutschen Schäferhunds

Kopf	Kraftvoll, ohne grob zu wirken, Nasenrücken beinahe parallel mit der oberen Linie des Schädels verlaufend.
Augen	Mittelgroß, mandelförmig und leicht schräg gestellt, so dunkel wie möglich, mit lebhaftem Ausdruck.
Ohren	Mittelgroß, breiter am Ansatz, hoch angesetzt, aufrechtstehend und nach vorne gerichtet.
Gebiss	Scherengebiss
Hals	Kräftig, gut bemuskelt und ohne lose Kehlhaut (Wamme). Die Zuwinkelung zum Rumpf (Horizontale) beträgt etwa 45 %.
Körper	Die Oberlinie verläuft vom Halsansatz an über den hohen langen Widerrist und über den geraden Rücken bis zur leicht abfallenden Kruppe ohne sichtbare Unterbrechung. Der Rücken ist mäßig lang, fest, kräftig und gut bemuskelt. Die Lende ist breit, kurz, kräftig ausgebildet und gut bemuskelt. Die Kruppe soll lang und leicht abfallend (zirka 23° zur Horizontalen) sein und ohne Unterbrechung der Oberlinie in den Rutenansatz übergehen.
Brust	Mäßig breit, Unterbrust möglichst lang und ausgeprägt. Die Brusttiefe soll etwa 45 % bis 48 % der Widerristhöhe betragen. Die Rippen sollen mäßige Wölbung aufweisen, tonnenförmige Brust ist ebenso fehlerhaft wie Flachrippigkeit.
Gliedmaßen	Vorhand: Die Vordergliedmaßen sind von allen Seiten gesehen gerade, von vorn gesehen absolut parallel. Schulterblatt und Oberarm sind von gleicher Länge und mittels kräftiger Bemuskelung fest am Rumpf angelagert. Die Winkelung von Schulterblatt und Oberarm beträgt im Idealfall 90°, im Regelfall bis 110°. Pfoten: Rundlich, gut geschlossen und gewölbt, die Sohlen hart, aber nicht spröde. Nägel kräftig und dunkel. Hinterhand: Die Stellung der Hinterläufe ist leicht rückständig, wobei die Hintergliedmaßen von hinten gesehen parallel zueinander stehen. Pfoten: Geschlossen, leicht gewölbt, die Ballen hart und von dunkler Farbe, die Nägel kräftig, gewölbt und ebenfalls von dunkler Farbe.

Rute   Buschig, soll bis zu den Sprunggelenken reichen, in sanft herabhängendem Bogen getragen.

Gangwerk   Der Deutsche Schäferhund ist ein Traber, wofür der gut gewinkelte und rechteckige Körperbau die Voraussetzung schaffen. Das Gangwerk soll frei sein, raumgreifend, kraftvoll mit gutem Schub.

Haarkleid   Die korrekte Behaarung für den Deutschen Schäferhund ist das Stockhaar mit Unterwolle.

Farbe   Schwarz mit rotbraunen, braunen, gelben bis hellgrauen Abzeichen, Schwarz einfarbig, Grau mit dunkler Wolkung, schwarzem Sattel und Maske.

Ein Deutscher Schäfer-hund soll es sein

Der Familienrat hat beschlossen, dass der neue Vierbeiner ein Deutscher Schäferhund sein soll. Zuvor aber ist – wie bei jedem Hundekauf – einiges zu bedenken, denn schließlich soll uns das neue Familienmitglied ein Jahrzehnt oder länger begleiten.

Den Kauf gut überdenken

Der Deutsche Schäferhund ist ein sportlicher Hund; er zählt zu den Gebrauchshunden. Er will seiner Veranlagung und seinen Neigungen entsprechend beschäftigt sein. Dazu müssen die Aufgaben innerhalb der Familie genau abgesteckt werden: Wer ist für die Fütterung zuständig? Wer geht mit dem Hund Gassi? Wer fühlt sich für den sportlichen Teil verantwortlich und andere Dinge mehr?

Vor dem Kauf eines Welpen sind meist alle Familienmitglieder mit Feuer und Flamme dabei, bestimmte Aufgaben zu übernehmen. Doch nach einiger Zeit erlischt oft das Interesse – vor allem dann, wenn der niedliche Welpe zu einem anspruchsvollen Junghund herangewachsen ist und sich nur bei ausreichender psychischer und physischer Forderung zu einem zufriedenen Mitglied im Familienrudel entwickelt. Gerade diese Phase erfordert viel Zeit und vor allem Geduld. Gar mancher Schäferhund landete im Tierheim, weil diese Gegebenheiten im Vorfeld nicht genügend bedacht wurden.

Größeren Kindern ist der Deutsche Schäferhund ein liebevoller Spielkamerad; bei kleineren Kindern sollte man an das ungestüme Temperament eines jungen Schäfers denken. Kleine Kinder und junge Hunde wissen gelegentlich nicht, wo das Spiel aufhört. Die Eltern müssen beide einfühlsam aufeinander hinführen.

> Der Deutsche Schäferhund ist ein sportlicher und vielseitiger Hund; deshalb zählt er zu den sogenannten Gebrauchshunden. Das heißt, er braucht entsprechende Beschäftigung.

Zeitaufwand

Dreimal täglich Um-den-Block-Führen zum Versäubern reicht vielleicht zunächst für den Welpen aus, nicht aber für den heranwach-

Ein Garten ist zum Sonnenbaden und als Auslauf sehr gut geeignet, ersetzt aber nicht die täglichen Spaziergänge für den Hund.

senden und den ausgewachsenen, tatendurstigen Schäferhund. Mit dem Spaziergang allein ist es nicht getan. Für die Sozialisierung braucht der Welpe Umgang mit Artgenossen, wie man sie in Welpenspielgruppen findet. Auch diese Zeit – zwar reizvoll für Herrchen/Frauchen und das Hundekind – muss von vornherein mit eingeplant werden. Von den Welpenspieltagen geht es nahtlos in die Junghunderziehung über. Spätestens hier werden wir erkennen, dass es mit dem Kauf eines Welpen allein nicht getan ist. Für den erwachsenen Schäferhund dürfen wir für Spaziergang, Spiel und Erziehung täglich mindestens zwei Stunden ansetzen. Dabei sollten die eigentlichen erzieherischen Maßnahmen sinnvollerweise in der Hand nur eines der Familienmitglieder liegen. So ist die Rangordnung im Familienrudel von Anfang an geklärt und sichergestellt. Das bedeutet aber auch, dass dieses Familienmitglied die meiste Zeit investieren muss, während die anderen Aufgaben verteilt werden können.

Platzansprüche

Der Schäferhund ist nicht klein, er braucht Platz. So sollte, wenn man in einer Stadtwohnung in der fünften Etage lebt, die Anschaffung eines so unternehmungslustigen Hundes gar nicht erst in Erwägung gezogen werden. Der Hund kann sehr wohl in einer Wohnung gehalten werden, wenn der Halter genügend Zeit hat, mit seinem Hund etwas zu unternehmen, das den Vierbeiner geistig fordert und körperlich fit hält. Überforderung des jungen Schäferhundes sollte allerdings vermieden werden. Der Idealzustand für einen Hund dieser Größe und mit diesem Bewegungsbedürfnis ist ein Haus mit Garten. Zwar kann der Garten weder den Spaziergang noch das Spiel mit Artgenossen ersetzen, der Hund kann sich aber frei bewegen, kann schauen, was auf der Straße los ist und selbst, wenn ihm nur nach Ruhe zumute ist, kann er die frische Luft und wärmende Sonnenstrahlen genießen. Leben größere Kinder mit in der Familie, dann ist ein Garten zum Spielen mit dem Schäferhund erst recht nicht zu ersetzen.

Was kostet ein Deutscher Schäferhund?

Der Kaufpreis für einen Schäferhundwelpen wird vom Schäferhund-Verein (SV) mit 500 bis 1 500 DM angegeben. Das ist sicher nicht sehr viel, wenn man bedenkt, wie viele Jahre unbezahlbare, gemeinsame Freude und Harmonie dem gegenüberstehen. Dass ein Hund seinen Halter zudem noch gesundheitlich fit hält, ist medizinisch erwiesen.

Doch auch andere, regelmäßig anfallende Kosten müssen berücksichtigt werden. Da ist zunächst die **Hundesteuer**, die von Ort zu Stadt und Land verschieden hoch ist. Jährlich 150 DM für den Fiskus dürfte dem Mittelwert entsprechen. Der Abschluss einer **Hundehaftpflicht** ist zwingend notwendig. Dabei sind die Schäden, die ein beißender Hund verursachen könnte, nicht das Wichtigste. Einmal nicht aufgepasst, und der Hund rennt in ein Fahrrad. Der Radfahrer kommt zu Fall und verletzt sich. Dann wird der Hundehalter zur Kasse gebeten. Es empfiehlt sich, vor dem Abschluss der Versicherung verschiedene Anbieter in Preis und Leistung zu vergleichen.

150 DM **Futterkosten** monatlich sind eher knapp angesetzt, Leckerchen sollten auch gerechnet werden. Kein Hundehalter mag an Krankheiten seines Hundes denken, und doch können im Laufe eines

> Allein mit dem Kauf des Hundes ist es nicht getan. Vielerlei feste und auch unvorhergesehene Kosten kommen auf uns zu. Daran muss man vor dem Kauf denken.

21

Hundelebens **Tierarztkosten** anfallen, die schnell das Budget der Familie übersteigen. Eine Rücklage für den „Ernstfall" kann für solch unerwartete Ausgaben nützlich sein. Unumgänglich sind auch die jährlichen Impfungen, etwa 200 DM sind dafür zu veranschlagen.

Ohne die Anschaffungskosten für die „Erstausstattung" des Hundes kommen – neben dem Kaufpreis – leicht zusätzlich 2 000 DM jährlich zusammen, vorausgesetzt, der Hund bleibt gesund bis ins hohe Alter.

Erstausstattung des Welpen

Zum Ausführen des jungen Schäferhundes brauchen Sie zunächst ein **schmales Lederhalsband** und eine Leine mit einem Karabinerhaken zum Einhängen in den Ring des Halsbandes.

Für den Anfang erfüllt eine Holzkiste hervorragend ihren Zweck als **Liegeplatz** des Welpen. Er muss bequem in die Kiste einsteigen und heraus können. Ein Ausschnitt auf der Vorderseite erleichtert den Ein- und Ausstieg.

Die Kiste wird mit einer **Wolldecke** ausgelegt, in die sich der junge Hund so richtig hineinkuscheln kann. Glatte Unterlagen lieben Hunde gar nicht, und sie legen einen Feuereifer an den Tag, wenn es darum geht, sich scharrend ihr Lager „gemütlich" herzurichten. Alle für das Hundelager verwendeten Decken müssen natürlich waschbar sein. Das heißt, man braucht wenigstens zwei Decken zum Wechseln. Einen Hundekorb sollte man erst anschaffen, wenn der junge Hund aus seiner „Zernagephase" herausgewachsen ist.

Für **Futter und Wasser** ist je eine stabile und standfeste **Schüssel** notwendig, damit sie der junge Hund in seinem Übermut nicht umstoßen kann.

Zur **Pflege** des Schäferhundes sind nur wenig Utensilien zu beschaffen: eine **Bürste** zur beidseitigen Benutzung und für die längeren Haarpartien einen breitzinkigen **Kamm**. Alte **Handtücher** zum Abrubbeln nach einem Regenspaziergang sind wohl in jedem Haushalt vorhanden. Zur Befriedigung des Nagebedürfnisses bekommt unser Schäfer einen **Büffelhautknochen**; später eignen sich zur Zahnpflege hervorragend Rinderklauen. Daran kann der Hund seine Beißwerkzeuge ordentlich wetzen.

■ Büffelhautknochen sind gut zum Nagen und für die Zahnpflege.

■ Eine weiche Decke macht das Körbchen für den kleinen Schäfer so richtig kuschelig.

Spielzeug wird heutzutage zu Hauf angeboten. Für unseren Welpen sollte Plastikspielzeug tabu sein. Ein **Hartgummiball** gehört in jede Spielkiste, und es bereitet nicht nur dem Hund Vergnügen, nach dem hüpfenden Ball zu springen. Auch die Zuschauer haben ihre Freude daran. Es sei jedem Hundehalter überlassen, ob er dem Welpen den beliebten, alten Pantoffel oder ausgedienten Turnschuh in die Spielkiste gibt. Dann aber muss er aufpassen, dass alle anderen Schuhe außer Reichweite des Hundes stehen, denn der kennt keinen Unterschied zwischen Spielschuh und Vaters Ausgehschuhen.

„Wie? – Wasserschüssel? – Viel zu groß, kann man doch drin planschen."

Auch an den Urlaub denken

Wenn von vornherein feststeht: Urlaub nur **mit** meinem Hund! – können Sie diesen Absatz überspringen. Manchmal ergeben sich aber unvorhergesehene Situationen, und der Hund kann nicht mitgenommen werden. Krankheiten oder berufsbedingte Auslandsreisen gehören freilich nicht in den Bereich Urlaub. Sie müssen aber bei den Vorplanungen ebenfalls bedacht werden. Wo also könnte unser Vierbeiner bleiben, wenn nun einmal niemand zu Hause für ihn sorgen kann. Eine Bleibe ist notfalls immer zu finden, aber – und da sind wir

23

wieder bei den nicht berücksichtigten Kosten einer solchen – wenn auch nur kurzfristigen Unterbringung.

Rechte Seite:
Welcher Hundefreund hätte nicht gerne solch einen Prachtkerl!

Die Auswahl

Meistens entscheiden sich Hundekäufer für einen Welpen. Das hat Vor- und Nachteile. Für jemand, der seinen allerersten Hund kauft und daher keine Erfahrung mit der Aufzucht eines Junghundes hat, könnte ein älterer, erzogener Schäferhund besser geeignet sein.

Rüde oder Hündin?

Diese Frage wird in der Familie wahrscheinlich heftig diskutiert. Während sich das Familienoberhaupt für den Kauf eines Rüden stark macht, tendiert die Mutter mehr zu der vermeintlich sanfteren Hündin. Im Allgemeinen sind Rüden etwas eigenwilliger und Hündinnen anpassungsfähiger. Was die Anhänglichkeit betrifft, sind beide Geschlechter gleich. Wenn überhaupt, treten Dominanzprobleme innerhalb der Familie kaum mit Hündinnen auf, während Rüden schon eher einmal versuchen, die führende Rolle im Familienrudel zu übernehmen. Wird der Hund früh in die Familie eingegliedert und sein „Standort" festgelegt, dürfte es zu keinen Machtkämpfen innerhalb der Familienrudel-Hierarchie kommen.

TIPP Ein Rüde versucht im Rudel schon einmal zu testen, ob er die Rangordnung nicht zu seinem eigenen Vorteil verändern kann.

Die Entscheidung, ob nun ein Rüde oder eine Hündin besser in die Familie passt, kann dem Käufer nicht abgenommen werden. Bei den Überlegungen spielt sicher eine wesentliche Rolle, dass die Hündin zweimal im Jahr läufig wird und dann für etwa drei Wochen Blut verliert. Spezielle Schutzhosen (in allen Größen im Fachhandel erhältlich) helfen dabei, dass die Wohnung nicht beschmutzt wird. Dadurch ist eines der Argumente, keine Hündin zu nehmen, nicht mehr stichhaltig. Dem entgegenzuhalten wäre, dass sich ein Rüde das ganze Jahr über auf Brautschau befindet, während die Hündin eben nur zweimal im Jahr an Rüden besonders interessiert ist.

Wie auch immer entschieden wird: Rüde oder Hündin – auf beide Tiere ist mit Sorgfalt zu achten. Während der „heißen Phase" sollte der Rüde von einer paarungsbereiten Hündin ferngehalten werden. Auch die Hündinnenbesitzer müssen entsprechende Vorsichtsmaßnahmen ergreifen, wenn sie nicht von einem Wurf junger Hunde überrascht werden wollen.

■ Wonnige Welpen dürfen nicht den Blick verschleiern für das, was verantwortliche Hundehaltung bedeutet.

Welpe oder Junghund?

Es ist verständlich, dass die Familie den Welpen möglichst schnell in sein neues Heim holen möchte. Ein Abgabealter von acht Wochen wird auch von Verhaltensforschern befürwortet. Bei einem Welpen oder einem Junghund, der aus idealen Aufzucht- und Haltungsbedingungen beim Züchter stammt, bestehen gegen eine spätere Übernahme keine Bedenken. Dann muss allerdings sichergestellt sein, dass der Züchter seiner verantwortungsvollen Aufgabe nachgekommen ist und die Welpen ab einem zumutbaren Alter mit späteren Umweltreizen vertraut gemacht hat. Dazu gehört auch der Umgang mit Kindern. Deshalb sollte Kinderbesuch beim Züchter stets willkommen sein.

Betreut der Züchter nur einen Wurf, der Idealfall, dann kann er sich ausreichend darum kümmern, dass die Welpen mit all jenen Dingen konfrontiert werden, mit denen sich der Familienhund später arrangieren muss. Wird der Welpe hingegen zu früh von Mutter und Geschwistern getrennt und hat beim neuen Besitzer keine Möglichkeit, soziale Bindungen mit Artgenossen einzugehen, dann wird sich das

Hundekind nur schwer sozial zurechtfinden können. Auf der einen Seite wird ein Hund, der zu lange und nur mit Hunden zusammengelebt hat, ausgesprochen hundebezogen sein, aber auf der anderen Seite zum Menschen nie eine innige Beziehung aufbauen.

Der richtige Züchter

Einen Deutschen-Schäferhund-Welpen erwirbt man bei einem seriösen SV-Züchter. Im Verein für Deutsche Schäferhunde sind etwa dreitausend aktive Züchter organisiert. Das erleichtert natürlich die Suche nach **dem** Züchter nicht. In ganz Deutschland gibt es Welpenvermittlungsstellen, die einem helfen, wenn man sich nach einem Züchter umsieht.

> Einen gesunden und wesensfesten Schäferhundwelpen kaufen Sie bei einem Züchter, der Mitglied des Schäferhundevereins ist.

Welpen, gleichgültig welcher Hunderasse, sind immer zuerst niedlich und verführen leicht zu einem unbedachten Kauf. Deshalb holen Sie sich Ihren kleinen Schäfer nur aus einer kontrollierten Zucht. Dort haben Sie die beste Gewähr, einen gesunden und wesensfesten Rassehund zu erwerben, denn dafür stehen die strengen Zuchtbestimmungen des SV, bei dem der Züchter Mitglied ist.

Wie hält der Züchter seine Hunde?

Wir suchen einen Kameraden für ein ganzes Hundeleben lang. Deshalb müssen wir uns genau anschauen, wie unser Welpe beim Züchter gehalten wird. Entsprechen die Haltungsbedingungen unseren Vorstellungen? Und ganz wichtig: Wie verhalten sich die Welpen?

Heute wird oft eine familienbezogene Aufzucht propagiert. Diese nutzt dem Käufer wenig, wenn die kleinen Hunde während der wichtigen Aufzuchtphase außer ihren „vier Wänden" nichts anderes gesehen haben. Welpen aus einem Haus mit Garten, die ab der vierten Lebenswoche die Möglichkeit hatten, eigene Erkundungen anzustellen, machen schon einen anderen Eindruck auf den künftigen Hundebesitzer. Wer als Züchter keinen eigenen Garten hat, muss die Welpen ins Auto packen und die ganze Gesellschaft an einer geeigne-

> **TIPP** Der Deutsche Schäferhund ist ein toller Spielkamerad und Freund für größere Kinder, wenn er als kleiner Hund schon an Kinder gewöhnt wurde.

ten Stelle im Grünen zur ersten Umwelterforschung herauslassen. Ein Ball fördert bereits die Begeisterung am gemeinsamen Spiel. Ganz nebenbei werden alle zusammen furchtlose Autofahrer, der Welpenkäufer wird dies sehr zu schätzen wissen.

27

Wenn sich ein Züchter, der mehrere Würfe zur gleichen Zeit aufzieht, solcher Mühe nicht unterziehen kann, bietet er unserem jungen Schäfer nicht den idealen Start ins Leben. Wer sich den sicheren Blick und ungetrübtes Urteilsvermögen nicht zutraut, sollte sich einen Bekannten suchen, der schon lange Hundebesitzer ist und der seine Erfahrungen beim Hundekauf mit einbringen kann.

Zuerst müssen Sie herausfinden, ob und was der Welpe bisher an Konfrontation mit Umweltreizen kennen gelernt hat. Sind Mutterhündin und Welpen im Garten, schauen Sie, wie sie sich beim Herannahen des Züchters verhalten: Die Begrüßung soll stets freudig sein. Fremden Personen gegenüber dürfen sich Welpen weder besonders scheu noch über Gebühr neugierig zeigen. Nur bei genügend sozialer Prägung herrscht eine gewisse Ausgewogenheit zwischen Vorsicht und Neugier vor.

Von Interesse sind auch die persönlichen Gegebenheiten der Züchter. Wenn beispielsweise beide Ehepartner berufstätig sind und auch sonst keine Person mit der Aufzucht der Welpen betraut ist, scheint es mehr als angebracht, kein weiteres Kaufinteresse zu zeigen. Denn dann ist nicht damit zu rechnen, dass aus dieser Zucht ein in jeder Hinsicht gut sozialisierter Welpe hervorgehen kann. Bei reiner Zwingerhaltung sollte man besonders große Zurückhaltung beim Kauf walten lassen. Befindet sich der Zwinger nicht in Sicht- und Reichweite der Wohnung des Züchters, sollten wir ebenfalls kein weiteres Interesse bekunden. Gegen eine Zwingeranlage innerhalb des Gartens zur **zeitweisen** Unterbringung der Hunde ist hingegen nichts einzuwenden. Der ständige Kontakt zur Familie des Züchters muss also gegeben sein. Wir dürfen vom Züchter erwarten, dass er die Welpen bei unserem Besuch aus dem Zwinger herauslässt. Auch hier können Sie aus dem Verhalten der Welpen und des Muttertieres Schlüsse ziehen, wie die Sozialisierungsphase der Welpen beim Züchter abgelaufen ist. Die Mutterhündin sollte immer und ohne Ausreden mit vorgestellt werden.

Da die letzte Wurfabnahme bei einem VDH-Züchter nicht vor Beendigung der siebten Lebenswoche der Jungtiere durchgeführt wird, können Welpen bei Übernahme im Alter von acht Wochen noch keine Abstammungspapiere mitbekommen. Die Zentrale des Vereins für Deutsche Schäferhunde in Augsburg erstellt diese, und es kann durchaus einige Wochen dauern, bis die Papiere eintreffen.

Linke Seite: Kontakt mit erwachsenen Hunden und mit Menschen sind wichtig für den Welpen.

Sicherheit über die Abstammung unseres Welpen bietet ein Kaufvertrag, den der Züchter gerne mit uns abschließt. Neben den Zahlungsmodalitäten und anderen Formalitäten sollte auch der Impfschutz der Welpen im Kaufvertrag schriftlich garantiert sein.

Ein Schäferhund aus dem Tierheim

Weil ein Schäferhund unter falschen Voraussetzungen gekauft wurde oder andere persönliche, nicht vorhersehbare Situationen eine Trennung von dem Vierbeiner nötig gemacht haben, finden wir in Tierheimen auch Schäferhunde. In der Regel handelt es sich dabei um ältere Tiere.

Nur wer schon hundeerfahren ist und sich für einen älteren Hund erwärmen könnte, mag sich auf der Suche nach einem Schäferhund einmal in den Tierheimen umsehen. Wie viele andere Hunde dort, haben diese Schäferhunde oft ein schweres Schicksal hinter sich. Ist ihr Vorleben bekannt, lässt sich eine Integration leichter verwirklichen als bei jenen Hunden, die als sogenannte Fundtiere geführt werden. Mitleid als Grund für die Übernahme des Schäferhundes ist sicher nicht die geeignete Basis für ein gutes Miteinander. Wenn Sie jedoch genügend Sach- und Fachverstand mitbringen und auch die Bereitschaft, viel Geduld in die gemeinsame Zukunft zu investieren, können Sie den Schritt wagen. Gerade auf ältere Menschen mit Hundeerfahrung, die sich ganz auf ihren neuen Hausgenossen einstellen möchten, können noch viele glückliche Jahre mit einem Schäferhund aus dem Tierheim warten.

29

Das neue Familienmitglied

Rechte Seite: Das Leben liegt vor ihm...

Der große Tag ist gekommen. Wir haben den Termin, an dem wir unseren Schäferhund-Welpen beim Züchter abholen. Bei allem, was wir jetzt tun, sollten wir unsere verständliche Aufregung zügeln. Was der junge Hund am Anfang braucht, ist Ruhe und noch einmal Ruhe.

Haus und Garten welpensicher machen

Rechtzeitig vor dem Tag, an dem der Welpe einzieht, müssen wir das Umfeld, in dem er nun leben soll, so sicher machen, dass uns unliebsame Überraschungen weitgehend erspart bleiben. Hat sich der neue Hausgenosse erst einmal bei uns eingelebt, werden wir erstaunt sein, was so ein Welpe alles anstellen kann.

Stromkabel dürfen für den kleinen Kerl nicht erreichbar sein und Steckdosen in Welpenhöhe sollten ebenfalls mit einer sogenannten Kindersicherung versehen werden. Alles, was kleinen Menschenkindern gefällt und für sie gefährlich werden kann, zieht auch den Welpen an. **Treppenabgänge** versehen wir mit einem Gitter, denn abgesehen davon, dass der Welpe – je nach Belag – hinunterrutschen und sich verletzen könnte, sollte er im ersten Lebensjahr möglichst keine Treppen gehen. Dafür ist sein noch instabiler Körperbau nicht geeignet. Könnte er von der Wohnung auf den Balkon gelangen, ist auch die **Balkontüre** mit einem Sperrgitter zu versehen. Kellerabgänge und Luftschächte werden mit festliegenden Holz- oder Spanplatten gesichert, die verhindern, dass unser Vierbeiner hineintreten oder gar hineinfallen kann. Dass unser kleiner Freund auf dem Grundstück eine Lücke im Zaun findet, durch die er einen Ausflug starten könnte, haben wir rechtzeitig bedacht. Auch sollte der **Zaun** so hoch sein, dass der ausgewachsene Schäferhund nicht unbedingt zum Darüberspringen verleitet wird.

Die Kinder werden spätestens mit dem Einzug des kleinen Schäferhundes angehalten, ihrer Utensilien nicht herumliegen zu lassen, sonst merken sie schnell, dass vor dem Tunichtgut fast garnichts sicher ist.

> Der Welpe findet sich leichter in der neuen Umgebung zurecht, wenn nicht gleich am ersten Tag die ganze Verwandtschaft und Nachbarschaft zur „Begrüßung" antritt. Wir geben ihm die Chance, sich in Ruhe und ohne großes Getue heimisch „einzurichten". Auch die Kinder der Familie sollten sich zunächst etwas in ihrer überschwänglichen Freude zurückhalten.

Sowohl im Haus als auch im Garten müssen **giftige Pflanzen** so platziert werden, dass der kleine Hund keine Blätter anknabbern kann.

Der Hund kommt

Nun steht der Fahrt zum Züchter nichts mehr im Wege. Unser kleiner Freund, den wir durch mehrere Besuche beim Züchter inzwischen schon ganz gut kennen, kommt endlich zu uns nach Hause! Für den Welpen aber bedeutet die Trennung von Mutter und Geschwistern sicher das einschneidendste Erlebnis überhaupt in seinem bisherigen Hundeleben. Das oberste Gebot für uns ist deshalb, dass wir besonders behutsam vorgehen.

Auch wenn der Welpe mit acht Wochen noch nicht richtig an der Leine gehen kann, bekommt er dennoch ein schmales Lederhalsband und die passende Leine, die mit einem Karabinerhaken in das Halsband einzuklinken ist.

TIPP Im Alter von acht Wochen können Sie den Welpen vom Züchter übernehmen; er ist jetzt entwurmt und hat die nötigen Schutzimpfungen.

Abholen

Dass mindestens zwei Familienmitglieder den Welpen abholen, ergibt sich daraus, dass der Fahrer nicht auf das Hundebaby achten kann. Die zweite Person sitzt im hinteren Teil des Autos und nimmt den Welpen auf den Schoß. Das Angurten ist für den größeren Hund sicher eine gute Sache; doch das wollen wir unserem Welpen heute noch nicht zumuten. Hat man eine sehr weite Fahrt zurückzulegen, kann man sich überlegen, ob man den jungen Hund in einer Hundebox transportiert, an die er aber auch schon rechtzeitig gewöhnt wurde. Dabei muss er Sichtkontakt zum neuen Herrchen/Frauchen haben. Auch das Sicherheitstrenngitter im Hunde-Kombi sollte dem autoerfahrenen Junghund vorbehalten sein. Dem Welpen dürfen wir auf keinen Fall das Gefühl geben, dass er eingesperrt ist. Es belastet ihn schon genug, aus seinem gewohnten Umfeld gerissen worden zu sein.

TIPP Reichlich Küchenkrepp sollte bei der Fahrt mit dem Auto nach Hause „an Bord" sein, falls dem Hundebaby schlecht wird oder ein anderes Malheur passiert.

Für den Fall, dass dem Welpen während der Autofahrt schlecht wird, haben wir uns mit einem alten Handtuch oder genügend Küchenkrepp gewappnet.

Bei einer weiten Wegstrecke, empfiehlt sich ein Halt an einer ruhigen Stelle. Der kleine Schäfer wird freilich keine großen Erkundungen an der Leine starten, aber ein wenig frische Luft schnappen tut ihm und uns gut. Eine Wasserration haben wir mitgenommen und können sie ihm in seiner Wasserschüssel bieten. Vielleicht wird er ja ein wenig daran schlabbern.

Einiges spricht für eine Nachtfahrt, bei der man hoffen kann, dass der Welpe schläft. Am besten ist es, früh loszufahren und früh, bei Tage, wieder daheim zu sein, um dem Welpen genügend Zeit zum „Einschnüffeln" zu geben.

> **TIPP**
> Ganz in Ruhe soll der kleine Neuankömmling das Umfeld erkunden dürfen, in dem er von nun an leben wird.

Im künftigen Zuhause

„Willkommen, kleiner Hund! Hier bist du nun zu Hause!" Das dürfen wir aufatmend sagen, falls der „Transport" doch nicht so reibungslos verlief, wie wir uns das erhofft hatten.

Bevor wir das Haus betreten, geben wir dem Hund Gelegenheit, im Garten seine Geschäftchen zu verrichten. Hat das geklappt, wird das erste große Lob fällig. Und an genau diese Stelle bringen wir den Welpen künftig, damit er sich versäubern kann.

Vor der Ankunft wurde bereits sein Plätzchen gerichtet. Den Korb oder die Kiste stellt man so auf, dass der Welpe dort wirklich auch ungestört ist; andererseits soll er aber von seinem Platz aus alles beobachten können. Die Diele des Hauses, die zu den angrenzenden Wohnräumen offen ist und die von jedem Mitglied der Familie passiert wird, ist gut geeignet. Auf diese Weise lernt der junge Hund rasch die einzelnen Familienangehörigen kennen und wird mit ihnen vertraut. Eine Decke, die der junge Hund schon beim Züchter benutzen durfte, die so schön nach Mutter und Geschwistern riecht und die er nun an seinem neuen Platz vorfindet, macht dem kleinen Schäfer die Eingewöhnung viel leichter. Es muss ja nicht unbedingt eine große Decke sein, die heimatliche Gerüche verbreitet; ein kleiner Stofflappen genügt schon. Manche Züchter geben dem Welpen ein Spielzeug mit, welches natürlich auch nach „Zuhause" duftet.

Die erste Nacht

Während man früher der Meinung war, der Welpe oder der Junghund müsse sich von der ersten Stunde an dort aufhalten, wo er auch später seinen Platz haben soll, ist heute bekannt, dass dies geradezu tier-

Die erste Nacht schläft der junge Hund vor unserem Bett.

quälerische Züge aufweist. Man muss sich das so vorstellen: Unser junger Schäfer wurde aus seinem bisherigen Umfeld herausgerissen – getrennt von Mutter und Geschwistern und auch ihm bekannte Personen sind nicht mehr da. Nun hat er sich während der Nachhausefahrt bereits ein wenig an uns gewöhnt und liegt zufrieden in seinem Körbchen. Wir begeben uns dann am ersten Abend in unsere Schlafgemächer und überlassen den jungen Hund dem nächsten Schock: er wird von den neuen Menschen alleingelassen. Verlassen werden ist das Schlimmste für einen jungen Hund, für den sein Rudel alles bedeutet.

Das heißt, das Körbchen steht in der ersten Nacht vor unserem Bett und erst wenn wir sicher sind, dass der Welpe „hundemüde" ist, geht die gesamte Familie schlafen. Nichts sollte den süßen Hund aus seinem Schlummer reißen – außer, ja außer! Der junge Schäfer wird keinesfalls durchschlafen, ohne ein Bächlein machen zu müssen. Und hier bietet sich für uns die beste Gelegenheit, ihn auf den Arm zu packen und ihn an das Plätzchen zu bringen, wo er schon einmal erfolgreich war. Pipi machen und wieder rein ins Körbchen. Dass sich diese Prozedur anfangs mehrmals in der Nacht wiederholen kann, darauf müssen wir vorbereitet sein.

Oje, ein Pfützchen! Da haben wir nicht aufgepasst!

Wenn sich beide Familienoberhäupter in dieser Aufgabe ablösen können, lässt sich das gut bewältigen. Es ist eine gute Idee, Ihren Jahresurlaub so einzuplanen, dass Sie diese Zeit zur Eingewöhnung des Welpen haben – auch eine der Überlegungen **vor** der Anschaffung des Hundes.

Jeden Abend stellen wir das Hundekörbchen etwas weiter weg von unserem Bett und schließlich vor die Schlafzimmertüre. Der Hund wird sein ihm inzwischen gewohntes Plätzchen nicht verlassen.

Schließlich hat der Hundekorb seinen endgültigen Platz in der Wohnung.

Ohne Erziehung geht es nicht

Wenn der ungestüme, junge Tolpatsch zu einem manierlichen Familienmitglied heranwachsen soll, muss die Zeit genutzt werden, solange er ganz jung ist. Nie mehr im späteren Leben des Hundes ist die Bereitschaft zur Unterordnung und seine Lernfähigkeit so groß.

Der Mensch sollte den jungen Hund durch Befehle und Verbote – natürlich auch durch Gebote lenken. Dabei muss er unnachgiebig sein und seinen Willen gegenüber dem Hund durchsetzen. Er muss für den Hund zur Autorität werden, die der Hund nicht antasten darf. Zu glauben, der Hund würde Milde und Inkonsequenz mit Dankbarkeit lohnen, ist falsch.

> **TIPP**
>
> Alles, was unser Schäferhund später nicht tun soll, muss ihm von Anfang an verboten bleiben; eine einzige Ausnahme ist eine zuviel.

Der Vierbeiner ist im menschlichen Sinne dazu gar nicht imstande. Wenn ein Hund sich durch solch nachgiebige Behandlung am Ende als Alphahund in der Familie fühlt, kann das beim ausgewachsenen Schäferhund schlimme Folgen haben.

Es kann in einem Rudel, ob es nun aus Wölfen, Hunden oder Menschen besteht, immer nur ein Individuum die Führungsposition übernehmen. Die Positionen sind von Anfang an zu klären, dann weiß auch der junge Hund sehr schnell, wo sein Platz in der Hierarchie ist. Nur ein sozial schlecht angepasster junger Hund bereitet gegenüber der Autorität des Ranghöchsten Schwierigkeiten. Kleinkinder in der Familie können sich dem Hund gegenüber eine ganze Menge herausnehmen. Die Eltern dürfen aber nicht glauben, das Kind könne nun alles mit dem Hund anstellen.

> Eltern sollten sowohl auf das Kleinkind als auch auf den Hund ein waches Auge haben. Der Hund wird seine Grenzen nur dann überschreiten, wenn er durch unverständliches Verhalten (zum Beispiel des Kindes) dazu veranlasst wird. Eine wichtige Erziehungsaufgabe!

Stubenreinheit

Während der erwachsene Hund täglich drei- bis viermal ausgeführt wird, damit er seine Notdurft verrichten kann, sollte der junge Hund ständig beobachtet werden. Gefahr ist immer dann im Verzuge, wenn er gefressen oder getrunken hat, unmittelbar nach dem Aufwachen morgens, aber auch nach jedem Schläfchen während des Tages. Der Hundebesitzer muss blitzschnell reagieren, wenn sich der Hund durch Suchen und Schnüffeln anschickt, an einem geeigneten Platz sein Geschäft zu verrichten. Er trägt den jungen Hund schnell nach draußen und zwar an den gleichen Ort, damit neben dem Gewöhnungseffekt auch der zuvor hinterlassene Eigenduft den Hund anreizt, sich gerade

TIPP

Als neue Hundebesitzer sind wir stets mit einer Plastiktüte ausgerüstet, um das „große Geschäft" unseres Vierbeiners entfernen zu können.

dort immer wieder für die Geschäfte niederzulassen.

Jedes Mal, wenn der Hund sich an der entsprechenden Stelle draußen gelöst hat, darf mit Lob nicht gespart werden. Und ist das Malheur doch einmal innerhalb der Wohnung passiert, hat ein Ausschimpfen nur dann Sinn, wenn der kleine Kerl auf frischer Tat ertappt wird. Wenn wir ein Pfützchen erst am anderen Morgen entdecken, können wir vergessen, den Hund zu schelten. Wir beseitigen es so, dass es keinen neuen Anreiz bietet.

Wenn wir uns aufmerksam den Gewohnheiten des kleinen Schäfers widmen, ist es anfangs zwar etwas aufwendig, den jungen Hund stubenrein zu bekommen. Dennoch geht es recht schnell. Ist der Hund leinenführig, achten wir darauf, dass er keinen Bürgersteig beschmutzt, indem wir in schnell in die Straßenrinne ziehen. Hat er von klein auf gelernt, sich im Gras oder Laub zu lösen, wird er nur in der allergrößten Not auf der Straße sein Geschäft verrichten.

Laufen an Halsband und Leine

Der junge Hund folgt seinem Herrchen auch ohne Leine auf Schritt und Tritt. Bevor ein Spaziergang durch die Stadt ansteht, sollte der kleine Schäfer jedoch gelernt haben, ordentlich an der Leine zu gehen. Die Plätze sind heutzutage rar geworden, wo sich unser Springinsfeld frei und ohne jeden Leinenzwang bewegen und so richtig austoben kann. Vor allem in Stadtgebieten muss man meist ein Stück mit dem Auto fahren.

An das Halsband ist unser Hund ja schon gewöhnt. Nun soll er an der Leine mit spazieren. Leichter gesagt als getan, denn an richtiges „Bei-Fuß-Gehen" ist jetzt noch nicht zu denken. Zunächst sind wir froh, wenn sich unser kleiner Schäfer nicht allzu sehr sträubt. Deshalb dürfen wir keinesfalls Zug ausüben und mit der Leine schon die Richtung bestimmen wollen. Anfangs ist es nur wichtig, dass sich der junge Hund überhaupt bewegt – ob vor- oder rückwärts ist nicht so entscheidend. Wir gehen mit lose durchhängender Leine darauf ein. Erst wenn der kleine Hund an die Leine gewöhnt ist,

legt Herrchen Tempo und Richtung fest. Stürmt der junge Hund zu sehr nach vorne, bremst ihn ein kurzer, energischer Ruck an der Leine. Ständiges Gegenhalten stumpft den Hund mit der Zeit ab. Die Gangart soll so gewählt werden, dass der kleine Freund ohne Mühe folgen kann. Spielen mit der Leine, Hineinbeißen und daran Herumzerren wird ihm nicht erlaubt.

„Leine gehen" ist anstrengend für den kleinen Hund. Da darf er sich zwischendurch einmal ausruhen.

„Hier"

Nirgendwo sonst werden in der Hundeerziehung so viele Fehler gemacht wie bei der Übung des Herbeikommens auf Ruf. Das Kommando „Hier" muss aber unbedingt befolgt werden – das heißt, der Hund kommt nicht irgendwann, sondern sofort. Dass der junge Hund sich am liebsten bei seinem Herrn oder in dessen Nähe aufhält – vorausgesetzt, es besteht von Anfang an ein großes Vertrauensverhältnis zu ihm – erleichtert die Übung sehr. Man sollte damit beginnen, bevor sich der junge Hund auf große Erkundungstour begibt. Und wenn der kleine Schelm doch einmal nicht sofort auf unser Rufen kommt, aber immerhin mit Verspätung, muss man – auch wenn es schwerfällt – ihn überschwänglich loben und mit einem Leckerchen belohnen. Der

37

Hund muss wissen, dass das Zurückkommen zum Herrn immer mit Annehmlichkeiten verbunden ist. Diese beiden Dinge kann er aber nur dann verknüpfen, wenn er bei jedem Zurückkommen – einerlei, wie lange er fort war – über die Maßen vom Herrn gelobt wird. Sobald er das begriffen hat, fallen Erkundungsausflüge entschieden kürzer aus.

Zur Übung des Kommandos „Komm her" oder einfach nur „Hier" ist eine 10 Meter lange Leine erforderlich. Der junge Hund kann – soweit er mag – vorauslaufen. Auf das entsprechende Kommando, (welches übrigens, wie alle anderen Hörlaute, ein Leben lang das gleiche sein muss), dem der Rufname des Hundes vorangestellt werden kann, müsste nun eigentlich der junge Hund sofort und ohne Umschweife angerannt kommen. Klappt das noch nicht, erfolgt ein kurzer, aber energischer Ruck an der Leine, wenn das Kommandowort nicht befolgt wird. Dies wird als strenge Aufforderung vom Hund durchaus verstanden.

Das Herankommen-Üben findet sinnvollerweise zuerst im Garten oder einem eingezäunten Grundstück statt. So sind dem jungen Hund und seiner Unternehmungslust räumliche Grenzen gesetzt. Später kann der Schritt ins offene Gelände gewagt werden. Hier ist wichtig, dass der Hundehalter dem sich entfernenden Hund niemals nachlaufen darf. Dieses Fangspiel würde dem Hund gefallen und er würde es lange fortsetzen. Geht Herrchen aber in diesem Fall einmal in der entgegengesetzten Richtung davon, folgt der junge Hund schon deshalb, weil er fürchtet, allein gelassen zu werden. Schon wenn sich der junge Hund in Richtung Herrchen nur in Bewegung setzt, wird er sofort gelobt.

„Sitz"

Mit einem Leckerbissen erlernt schon der ganz junge Hund auf einfache Weise das „Sitz"-Kommando. Wird ihm das Leckerle so vorgehalten, dass er den Kopf heben muss, um es ja nicht aus den Augen zu verlieren – aber nicht so hoch, dass er danach springt – , so ist es für ihn bequemer, sich hinzusetzen, um das Leckerchen zu erreichen. Dazu gibt man den Hörlaut „Sitz".

Die herkömmliche Weise, „Sitz" einzuüben, besteht darin, mit der rechten Hand in das Halsband zu fassen, um ein Ausweichen des Hundes nach vorne oder rückwärts zu verhindern. Mit der linken Hand wird der Hund sanft aber bestimmt an der Kruppe niedergedrückt. Dabei spricht man das Hörzeichen „Sitz" aus. Diese

Rechte Seite: Ohne Loben – in welcher Form auch immer – klappt nichts in der Hundeerziehung.

Hilfestellung fällt weg, wenn der junge Hund verstanden hat, dass er sich allein auf das Hörzeichen „Sitz" hinzusetzen hat. Der erhobene Zeigefinger dient dabei unterstützend als Sichtzeichen.

Die Sitzübung mit dem jungen Hund hat nicht den Rang der Erziehung zur Stubenreinheit oder des Herkommens. Aber sie ist doch eine wichtige Vorübung für spätere Aufgaben.

„Platz"

Das Beherrschen des Kommandos „Platz" ist für uns und unseren Hund außerordentlich wichtig, denn damit können wir möglichen kritischen Situationen begegnen. Obwohl das Hinlegen für den Hund eine natürliche und ruhende Position ist, sträuben sich doch manche Vierbeiner anfangs, wenn es darum geht, diese Stellung auf Kommando einzunehmen. Deshalb dürfen wir vom ersten Moment an keinerlei Zwang bei der Übung „Platz" anwenden. Wieder kann ein Leckerbissen beim Einüben helfen. Dem sitzenden Hund wird dieser in Bodennähe vorgehalten. Mit einer Hand fixieren wir den jungen Hund in der sitzenden Stellung. Um an das Leckerle heranzukommen, muss sich der Hund niederlegen. Das gleichzeitig gesprochene „Platz" darf nicht fehlen, denn letztendlich soll ja das Hinlegen auf das gegebene Kommando erfolgen und nicht auf ein vorgehaltenes Leckerchen.

Eine andere Form der „Platz"-Übung wirkt sicher. Dabei werden dem sitzenden jungen Hund die Vorderbeine weggezogen und er gleichzeitig mit der Hand niedergedrückt. Dabei gibt man den Hörlaut „Platz". Dies ist eine sanfte Art der Zwangseinwirkung, denn der Hund legt sich nicht freiwillig hin.

„Aus"

Auf dieses Kommando muss bereits der junge Hund lernen, alles, was auch immer er gerade im Maul hat, herzugeben oder sich vom Herrn abnehmen zu lassen. Auf die Wichtigkeit dieser Lektion kann gar nicht genug hingewiesen werden. Ein junger Hund, der knurrend sein Spielzeug verteidigt, mag noch belustigend wirken. Als ausgewachsener Hund wird er allerdings zu einer echten Gefahr, wenn er sich von seinem Herrn nichts abnehmen lässt. Um das zu

vermeiden, muss die Erziehung zum „Auslassen" schon früh einsetzen.

Ein alter Lumpen, ein Sack oder Ähnliches, an dem der junge Hund zerren darf und den Herrchen festhält, weckt zwar den Beutetrieb, der ja für die spätere Verwendung als Schutzhund erwünscht ist. Auf das Kommando „Aus" muss aber jeder Hund loslassen. Zudem sollte hier wie bei allen anderen Spielen der Mensch das Ende bestimmen.

Wenn der junge Hund das weggeworfene Stöckchen oder eine leichte Hantel zwar zurückbringt, sie aber nicht hergeben will, überlistet ihn wieder ein vorgehaltener Leckerbissen, den er dem Stöckchen mit Sicherheit vorzieht. Das bedeutet, dass er den Fang öffnen muss, um an das Begehrte zu gelangen. Auf diese Weise lässt er Stöckchen oder Hantel fallen. Das Auslassen fordert dem jungen Hund ohne Zweifel viel ab. Einerseits möchte er gerne „Beute machen" und diese auch behalten; andererseits aber muss er lernen, Herrchen alles abzugeben und zwar ohne Murren; Fremden gegenüber jedoch soll er seine Beute verteidigen. Das alles zu begreifen und zu unterscheiden, ist schwer für den jungen Hund und Herrchen muss hier mit viel Geduld, aber konsequent vorgehen. Eine einzige Ausnahme wäre schon zu viel.

Dieses Spielzeug darf richtig geschüttelt werden!

41

„Pfui"

Was dem Welpen und jungen Hund erlaubt wird, ist dem älter werdenden Tier nicht oder nur sehr schwer wieder abzugewöhnen. Nun sind die Auffassungen dessen, was erlaubt ist und was nicht, unter Hundehaltern sehr verschieden und jeder muss diese Fragen für sich selbst lösen. Gewisse „Anstandsregeln" haben aber Allgemeingültigkeit, sei es, um hygienischen Erfordernissen Genüge zu tun, oder um zu gewährleisten, dass der Hund nirgendwo Ärgernis erregt. Bei allem, was wir dem Hund verbieten möchten, benutzen wir energisch die Worte „Pfui" oder „Nein", wobei diese sofort und konsequent ausgesprochen werden müssen, sobald der Hund tut, was er nicht soll.

■ Damit der Hund dem Kleinkind nicht zu nahe kommen kann, sollte die Leine ruhig noch etwas kürzer gefasst werden.

Spaziergang durch die Stadt

Wie sich der Hund gegenüber den verschiedensten Umweltreizen verhält, ist weitgehend davon abhängig, wie geschickt der Hundehalter den jungen Hund an diese Reize gewöhnt hat. Zwar muss dem jungen Hund Gelegenheit geboten werden, sich mit allen Vorkommnissen des täglichen Lebens auseinanderzusetzen, zwingen darf man ihn dagegen zu nichts. Wenn es nichts hilft, ihn mit gutem Zureden an den Gegenstand seines Misstrauens heranzuführen, dann ist er in seinem Selbstbewusstsein vielleicht noch nicht so gefestigt. Man sollte dann lieber einen Schritt zurückgehen als zu früh etwas erzwingen zu wollen.

Auch sollte der Hund an den Straßenverkehr langsam und vorsichtig gewöhnt werden. Man darf den jungen Hund nicht gleich beim ersten Spaziergang durch die Stadt dem dichtesten Verkehrsgewimmel aussetzen. Ein gehöriger Schock und eine das ganze Leben anhaltende Furcht vor dem Lärm und Getöse der belebten Straßen könnten die Folge sein.

Um den Hund damit vertraut zu machen, eignet sich eine nicht zu verkehrsreiche Straße außerhalb der Stoßzeiten. Nur ganz wenigen jungen Hunden machen Autos und noch größere „Ungeheuer" überhaupt nichts aus und sie zeigen sich entsprechend unbeeindruckt. Die meisten fühlen sich sehr überfordert und möchten sich am liebsten hinter Herrchen verkriechen. Da ist viel gutes Zureden nötig. Das Vertrauen zum Herrn wird dabei einer besonders starken Belastungsprobe ausgesetzt.

Es ist gut, den jungen Hund in einiger Entfernung von der Straßenkante zuerst einmal den vorüberfließenden Verkehr beobachten zu lassen. Bald wird er merken, dass ihm das Ungewohnte vor allem im Beisein von Herrchen nichts anhaben kann. Was er sehen kann, kann er besser einschätzen und bereitet ihm weniger Unbehagen. Deshalb sollte er anfangs auch gegen den Verkehr laufen. Autos, die er von hinten kommen hört, aber nicht sieht, erschrecken den jungen Hund sehr.

Nun ist es auch an der Zeit, ein öffentliches Verkehrsmittel zu benutzen. Auch da suchen wir uns eine etwas ruhigere Zeit aus. Je nach Verhalten des kleinen Hundes wird er brav neben uns sitzen und die Mitfahrenden beobachten oder – wenn es uns gegeben erscheint – nehmen wir ihn auf den Schoß. Dann kann er hinausschauen und neue Eindrücke sammeln.

Welpenspieltage

Bevor der Welpe zu uns kam, haben wir uns schon nach Möglichkeiten erkundigt, wo der Hund mit Artgenossen gemeinsam spielen kann, und andere Halter von Schäferhunden nach ihren Erfahrungen gefragt. Die Teilnahme an Welpenspieltagen soll helfen, den Welpen zu sozialisieren und sein Wesen zu festigen.

Schlecht geführte Welpenkurse, bei denen Welpen verschiedener Rassen nur herumtoben dürfen, haben wenig erzieherischen Charakter. Da ist es sinnvoller, einen Spaziergang mit befreundeten Hundehaltern und deren Vierbeinern zu machen, die unser junger Schäfer kennt und in den Spielsequenzen eingebaut sind. Deshalb vor der Anmeldung zum Welpenspielkurs nach den genauen Zielen und dem Ablauf fragen und auch mit früheren Teilnehmern sprechen.

> **TIPP** Umgang mit anderen Welpen ist eine wichtige Voraussetzung dafür, dass der kleine Hund später mit anderen Hunden problemlos klarkommt.

Sobald sich der kleine Schäfer – nach etwa einer Woche – bei uns eingewöhnt hat, sollten wir einen Welpenspielplatz aufsuchen. Fast alle Hundesportvereine bieten inzwischen solche Kurse an, oder sie werden in privater Initiative abgehalten. Manche Züchter organisieren für ihre Welpen Spieltreffs. Weil unser Hund später mit Artgenossen aller Rassen zusammentrifft, sollte man gemischte Gruppen bevorzugen.

Welpenspielplätze sind meist auch mit Gegenständen wie Tunnel und Laufsteg ausgestattet, die unser kleiner Sportler schon jetzt spie-

43

Gutes Sozialverhalten lernt der Hund nur durch frühen Kontakt mit anderen Hunden.

lerisch kennen lernen kann. Später auf dem Agility-Parcours wird er vielen dieser Gegenstände und Hindernisse wieder begegnen.

„Augsburger Modell"

Seit einigen Jahren bietet der Verein für Deutsche Schäferhunde ein Ausbildungsprogramm an, das allen Hunden offen steht und natürlich auch für unseren jungen Schäferhund geeignet ist. Mit den Erziehungskursen nach dem „Augsburger Modell" spricht man vor allem Anfänger an, die nicht Mitglied im Verein sein müssen. Der junge Hund sollte ein Alter von sechs Monaten erreicht haben, um die nötige Fitness mitzubringen. Ziel eines Erziehungskurses ist nicht die Ausbildung zum

44

Schutzhund, vielmehr steht die praxisorientierte Grundausbildung im Vordergrund. Gerade jene Hundebesitzer, die mit ihrem Hund nicht klar kommen, werden vom Augsburger Modell angesprochen. Bei aller notwendigen Konsequenz und Autorität wird in der Aufbauarbeit großer Wert darauf gelegt, dass der Grundgehorsam spielerisch erlernt wird. Als Ziel des Kurses soll die Begleithundprüfung stehen.

Das Kursprogramm ist in folgende Lektionen aufgeteilt:	
1. Lektion	Leinenführigkeit mit Gewöhnungsübungen, Wendungen, Sitz zur Grundstellung
2. Lektion	Leinenführigkeit auch in verschiedenen Gangarten, Setzen und Legen, Springen über Hindernisse
3. Lektion	Ablegen an der langen Leine, Heranrufen aus dem Platz an der Leine
4. Lektion	Frei folgen, frei ablegen
5. Lektion	Sitz- und Platz-Übungen gemäß Begleithund-Prüfungsordnung
6. Lektion	Verhalten von Hunden im Straßenverkehr

Zwei Freunde – ein Team

Unter diesem Slogan wirbt der Deutsche Hundesportverband für den sogenannten Team-Test. Ebenso wie das Augsburger Modell wird der Team-Test überall angeboten, steht allen Hundehaltern offen und ist mit keiner Vereinsmitgliedschaft verbunden. Auch beim Team-Test läuft nichts ohne Gehorsam. Übungen wie Leinenführigkeit, Freifolge, „Sitz", „Platz" mit Herankommen sowie das Ablegen des Hundes gehören zur Grundlage.

Im Team-Test steht die Erziehung unseres Vierbeiners zum „umweltfreundlichen Verkehrsteilnehmer" im Vordergrund. Er soll Joggern, Radfahrern, Personen und Fahrzeugen gegenüber neutral auftreten – niemanden belästigen, sich unauffällig verhalten.

> Die erfolgreiche Basisausbildung und die Sozialverträglichkeit unseres vierbeinigen Team-Partners wird bei Bestehen des Testes mit einer Urkunde bestätigt.

Verkehrssicherer Begleithund

Die Begleithundprüfung (BH) ist Voraussetzung für die Zulassung zur Schutzhundprüfung. Wenn diese vom Hundehalter ins Auge gefasst wird, gehört die Begleithundausbildung zu den Pflichtaufgaben des Schäferhundes.

TIPP
Die Prüfung zum verkehrssicheren Begleithund kann unser Schäferhund ab dem Alter von zwölf Monaten ablegen.

Die Prüfung besteht aus einem A- und einem B-Teil. Zum einen werden die Unterordnungsleistungen des Hundes berücksichtigt und zum anderen das korrekte Verhalten in Situationen im öffentlichen Verkehr. Die Hauptforderung des zweiten Prüfungsteils ist dabei, dass der Hund den Verkehrsverhältnissen ruhig und gelassen begegnet.

Gehorsam an der Leine

Rechte Seite:
Gehorsam ohne Leine –
für ihn kein Problem.

In diesem Teil der Prüfung muss der Hund stets an lockerer Leine die jeweiligen Kommandos befolgen. Ist die Leine straff gespannt oder zieht gar der Hundeführer den Hund herum, gilt die Aufgabe als nicht bewältigt. Verschiedene Schrittfolgen und Wendungen nach rechts oder links sowie Kehrtwendungen und schließlich ein unbefangenes Passieren einer Menschengruppe runden diesen Teil der Prüfung ab.

Gehorsam ohne Leine

Schwieriger ist es dann ohne Leine. Der Hund muss korrekt bei Fuß gehen, die Sitz-Haltung einnehmen, wenn der Hundeführer stehenbleibt, und auf die verschieden schnellen Bewegungsphasen gut eingehen. Zwei abgegebene Pistolenschüsse bereiten dem Unterfangen manchmal schon ein abruptes Ende, denn ohne Schussfestigkeit läuft bei unserem Schäferhund (und auch bei den anderen Prüflingen) natürlich nichts. Beibehalten des „Sitz", nachdem sich der Hundeführer entfernt, und Abrufen aus der Position „Platz" beenden die Gehorsamsübungen ohne Leine.

Verkehrstüchtigkeit

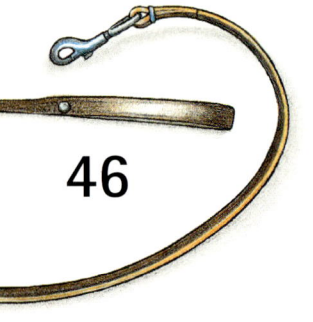

Die Verkehrsprüfung unterliegt keinen festen Regeln. Die Reihenfolge der einzelnen Prüfungsteile wird weitgehend vom Prüfenden bestimmt. Wichtig ist, dass der Prüfling mit all jenen Situationen

konfrontiert wird, die ihm auch im täglichen Verkehrsgewühl begegnen können. Da überholt etwa ein laut klingelnder Fahrradfahrer von hinten auf dem Bürgersteig und unseren Prüfling kostet es sicher viel Überwindung, dabei ruhig und gelassen zu bleiben. Ebenso dürfen ihn hupende Autos, vorbeifahrende Lastwagen, knatternde Motorräder und skatende Kinder und Jugendliche nicht aus der Ruhe bringen.

Das „gelassene" Vorbeigehen an anderen Hunden ist schon beinahe eine Zumutung für den Vierbeiner. Zu gerne möchte er doch wenigstens einmal kurz schnuppern. Doch nein! – Ohne an der Leine zu zerren, geht unser Freund mit uns weiter. Dass es für diese Übung einiges an Training bedarf, ist leicht zu verstehen. Nun wollen wir noch einkaufen und wir dürfen unseren Schäfer nicht mit in das Geschäft nehmen. Kein Problem! Angebunden wartet er geduldig draußen auf unsere Rückkehr – ohne Bellen und Winseln versteht sich! Keine Prüfung ohne Lohn! Freilaufen im Park ist angesagt – aber auch das Zurückkommen auf Ruf ist noch Prüfungsbestandteil, bevor der Hundehalter endlich eine Urkunde bekommt.

Bei der Prüfung zum Verkehrssicheren Begleithund wird unser Schäferhund mit allen Begebenheiten konfrontiert, die im täglichen Leben vorkommen. Wenn er die Urkunde bekommt, ist er in dieser Hinsicht „mit allen Wassern" gewaschen.

Mit dem Hund in den Urlaub

Natürlich wollen Sie die schönsten Wochen des Jahres mit Ihrem neuen Familienmitglied verbringen. Doch Sie tun gut daran, sich rechtzeitig mit den Planungen zu befassen, damit die Urlaubszeit tatsächlich zur Erholung für die Familie und den Hund wird. Es muss vorher abgeklärt werden, ob der Hund in der Ferienunterkunft aufgenommen werden kann. Meist wird im Urlaubsquartier ein Tagessatz in geringer Höhe berechnet, auch wenn für den Hund eigenes Futter und sein eigenes Körbchen mitgebracht wird. Andere Gäste dürfen sich selbstverständlich durch den Hund nicht belästigt fühlen und der Hundebesitzer muss wissen, ob sein Hund auch einmal alleine in der für ihn fremden Umgebung bleibt, ohne dass er ohrenbetäubend bellt oder heult.

Ferner ist zu bedenken, dass in manchen Urlaubsorten grundsätzlich Leinen-, zuweilen sogar Maulkorbzwang besteht. In manchen Nationalparks herrscht sogar generelles Hundeverbot. Der Hund trägt während der Ferien immer sein Halsband mit Hundemarke und Urlaubsanschrift. Falls er sich verläuft und aufgegriffen wird, kann er zurückgebracht werden.

Im Urlaubsort sollte dem Hund durch Ruhe in den ersten Tagen die Gewöhnung an eventuell veränderte klimatische Verhältnisse erleichtert werden. Auf Reisen in das Ausland sind die dortigen gesundheitlichen Bestimmungen zu beachten und die nötigen Impfungen müssen beim Tierarzt rechtzeitig durchgeführt oder aufgefrischt worden sein.

Wer seinen Hund nicht mitnehmen kann oder möchte, dem stehen gut geführte Hundepensionen zur Verfügung. Besser ist es, eine Vertrauensperson zu beauftragen, den Hund in seiner gewohnten Umgebung zu betreuen. Mit einem ganz jungen Hund ist es aber auch eine gute Lösung, den Urlaub zu Hause zu verbringen.

■ Sein „Stöckchen" ist ein ordentlicher Stamm.

49

Gesundheit und Ernährung

Rechte Seite: Immer wieder Abwechslung im Spiel – das gefällt dem gesunden Schäferhund.

Auch der zunächst gesunde Schäferhund-Welpe ist vor mehr oder weniger schlimmen Erkrankungen nicht gefeit. Der Halter kann einiges zur Gesunderhaltung seines Hundes beitragen, und es ist gut, wenn er weiß, welche Krankheitssymptome tierärztlich behandelt werden müssen.

Gesundheitsvorsorge

Krankheitszeichen sind nicht immer klar und eindeutig zu erkennen. Der frischgebackene Schäferhund-Halter sollte seinen Vierbeiner aufmerksam beobachten. Auf eine Krankheit könnte zum Beispiel hindeuten, dass der Hund schlechter oder aber viel mehr frisst. Auch wenn der Hund viel mehr trinkt, kann dies ein Hinweis auf eine Erkrankung sein.

Der Kot des Hundes gibt hinsichtlich des Aussehens (Farbe) und der Beschaffenheit (Form) Hinweise. Gerade beim jungen Hund ist auf möglichen Darmparasitenbefall zu achten. Schmarotzer können sich auf der Haut des Hundes einnisten.

Augen- und Mundschleimhäute des gesunden Hundes sind blassrosa. Die Körpertemperatur liegt bei rektaler Messung zwischen 37,5 und 38,5 °C. Höhere Temperaturen sind immer ein Alarmzeichen, ab 39,5 °C besteht Grund zur Sorge und der Tierarzt muss sofort benachrichtigt werden.

Hat der Hund Durchfall und die Temperatur ist nicht erhöht, so hilft meist ein Fastentag; allerdings soll der Hund Flüssigkeit (möglichst schwarzen Tee oder Pfefferminztee verdünnt) bekommen, so viel wie er mag. Nach einem Fastentag füttert man Schmelz-Haferflocken mit einem rohen, geriebenen Apfel. Tritt dann keine Besserung ein, muss man den Tierarzt konsultieren.

Den Tierarzt braucht man auch, wenn der Hund öfter hintereinander erbricht; einmaliges Erbrechen hingegen ist noch nicht besorgniserregend.

Im Allgemeinen hat der gesunde Hund eine feuchte Nase; bei manchen Tieren ist sie allerdings trotz bester Gesundheit ständig sehr trocken. Bei Verdacht auf eine fieberhafte Erkrankung muss die Temperatur gemessen werden und sie dem Tierarzt neben der genauen Schilderung der Symptome mitgeteilt werden. Der Tierarzt wird selbst trotzdem noch einmal die Körpertemperatur kontrollieren.

50

Wurmkur

Spulwurmbefall ist bei Welpen und Junghunden keine Seltenheit, deshalb sollten regelmäßige Wurmkuren durchgeführt werden. Die vorbeugende Wurmkur beim Welpen erfolgt, indem die dem Körpergewicht entsprechende Menge des Wurmmittels ins Maul oder mit dem Futter eingegeben wird.

Am 18. Tag nach der Geburt wird zum ersten Mal entwurmt, nach 14 Tagen zum zweiten Mal und schließlich nochmals im Alter von sieben Wochen. So ist gewährleistet, dass sich reife Spulwürmer erst gar nicht entwickeln. Es sind heute sicher wirksame Wurmmittel auf dem Markt, die zum Teil auch Hakenwürmer bekämpfen. Zwischenwirt des **Bandwurmes** ist der Hundefloh. Wenn der Hund einen Floh zerbeißt, der die Bandwurmlarven enthält, kann in seinem Darm ein Bandwurm heranwachsen. Darum ist die Flohbekämpfung so wichtig. Eine Wurmkur bedeutet immer auch eine Belastung für den jungen Hund. Deshalb kann man vorsorglich eine Kotuntersuchung von einem tierärztlichen Labor vornehmen lassen, um eventuell auch Wurmarten zu sichten, die auf ein herkömmliches Wurmmittel nicht ansprechen.

TIPP Damit das Wohlbefinden unseres kleinen Schäferhundes erhalten bleibt, sollte er regelmäßig entwurmt werde.

Äußere Parasiten

Während der täglichen Pflege bietet sich eine gute Möglichkeit, das Fell und die Haut des Hundes nach Parasiten abzusuchen. Wenngleich heutzutage sicher die Regel nicht mehr gilt, dass ein gesunder Hund nun mal **Flöhe** habe, so kann es doch vorkommen, dass unser sonst gepflegter Vierbeiner sich irgendwo einmal diese Schmarotzer einfängt. Nun lassen sich Flöhe allerdings nicht so leicht mit bloßem Auge ausmachen; meist entdeckt man eher ihren dunklen, rotbraunen Kot zwischen den Haaren. Der Hund wird von starkem Juckreiz geplagt, hauptsächlich hinter den Ohren und am Hals. Durch das Kratzen mit den Pfoten können leicht Hautentzündungen auftreten.

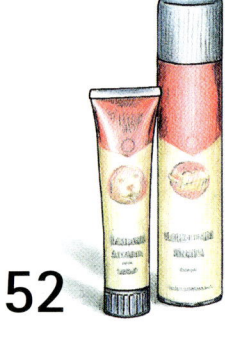

Zur Behandlung von Flöhen werden im Fachhandel gute Mittel (in Form von Puder oder Spray) angeboten, die genau nach Gebrauchsanweisung zu verwenden sind. Man sollte Mittel ohne Gift und ohne Insektizide bevorzugen. Doch nicht nur der flohbefallene Hund muss behandelt, auch sein Lager muss gereinigt werden. Bei stärkerem Befall hilft nur eine General-Desinfektion der gesamten Wohnung. Wegen des Bandwurmrisikos ist darüber hinaus eine Wurmkur angezeigt.

Ein so genanntes Flohhalsband kann vorbeugend gegen Flöhe wirken, enthält aber meist ein Insektizid.

Läuse siedeln sich bevorzugt am Kopf des Hundes an; am häufigsten werden Welpen davon befallen. Während die Laus Blut saugt, ernährt sich der **Haarling** von Hautschuppen. Übertragen werden Haarlinge durch direkten Kontakt oder über gemeinschaftlich genutztes Putzzeug. Weiße Schüppchen oder Eierpakete an einzelnen Haaren lassen den Befall leicht erkennen. Da auch der Haarling als Überträger des Hundebandwurmes in Frage kommt, ist eine entsprechende Entwurmung angesagt und genauso rasche Behandlung wie bei Flohbefall.

Vom Frühjahr bis in den Herbst hinein werden Hunde von **Zecken** (Holzbock) heimgesucht, die sich in Wald und Wiese von Halmen auf den Hundekörper fallen lassen und sich dort festsaugen. Wird die Zecke nicht entfernt, fällt sie wieder herunter, sobald sie sich mit Blut vollgesogen hat – dabei vervielfacht sie ihre Größe bis auf die einer kleinen Weintraube.

Im Gegensatz zum Hundefloh und der Laus ist eine Zecke leichter zu erkennen, denn sie lässt sich vorwiegend an nicht oder wenig behaarten Stellen nieder, so zum Beispiel im Nasenbereich, in der Augenregion, an den Lefzen, Ohren oder Schenkelinnenseiten. Das Entfernen der Zecke erfordert allerdings etwas Übung; ihr Körper darf nicht etwa abgerissen werden. Wenn der Kopf in der Haut zurückbleibt, führt das leicht zu Entzündungen. Manche Erhebung in der Hundehaut ist auf unsachgemäßes Entfernen von Zecken zurückzuführen.

Das Beträufeln der Zecke mit Öl bewirkt zwar ihren Erstickungstod, und sie lässt sich dann auch leicht entfernen; dabei stößt sie allerdings noch einmal tüchtig ihr giftiges Sekret aus. Eine im Fachhandel erhältliche Zeckenzange erleichtert das Entfernen dieses Schmarotzers. Mit etwas Geschick tut es auch eine gut greifende Pinzette. Ebenfalls im Fachgeschäft oder der Apotheke ist ein Zeckenhalsband erhältlich, das relativ gut vor Zeckenbefall vor allem im Kopfbereich schützt. Ein neues, natürliches Produkt kann gegen Zecken- und Flohbefall wirksame Hilfe leisten. Es enthält die richtige Menge Knoblauch, damit der Hund vor Ungezieferbefall geschützt ist, jedoch nicht unangenehm nach Knoblauch riecht. Der zusätzlich hohe Anteil an Weizenkeimen in diesem Produkt fördert die Verdauung und trägt zur Normalisierung der Darmflora bei.

> Zecken können sowohl Borreliose als auch die Viren für Gehirnhautentzündung übertragen. Beides kann für den Menschen gefährlich sein, wenn die Zecke an ihm Blut saugt.

TIPP
> Beim täglichen Bürsten finden Sie leicht Schmarotzer auf der Haut und im Fell. Zecken lassen sich leicht mit einer Zeckenzange entfernen.

53

Zeigt sich der Hund matt und lustlos, hat Fieber und geht dies womöglich mit Lahmheit einher, dann ist an eine Borreliose zu denken. Ein entsprechender Test beim Tierarzt gibt Klarheit. Dann führt nur eine Antibiotika-Behandlung zur Ausheilung der Krankheit.

In jedem Alter können Hunde von **Milben** befallen werden, die sich bevorzugt am Ohrrand, an der Achsel und innen an den Schenkeln breitmachen. Wenn sich der Hund ständig kratzt, kann das auf Milbenbefall hindeuten. Im Gefolge kommt es zu Hautentzündungen, Unruhe und Verdickungen des Ohrrandes. Bei der **Sarkoptes-Räude** bohrt sich die Milbe in die äußere Schicht der Haut und legt auch dort ihre Eier ab. In etwas tiefere Hautschichten bohrt sich der Schmarotzer bei der **Demodikose** (Demodex canis), wobei besonders junge Hunde gefährdet sind. Man geht davon aus, dass sich Welpen bereits beim Saugen der Muttermilch anstecken. Auf einen anderen gesunden Hund ist die Demodikose nicht übertragbar, ebenso nicht auf Menschen.

Ohrmilben befallen den äußeren Gehörgang; dort stecken sie in der Haut und saugen sich voll. Die Eier werden in die Haut abgelegt. Die Ansteckung erfolgt von einem Hund auf den anderen oder auch über eine befallene Katze.

Die **Herbstgrasmilbe**, die wie der Name schon sagt, vorwiegend im Herbst vorkommt, ist nur mit der Lupe als gelb-rötliches Pünktchen auszumachen. Sie sitzt meist zwischen den Zehen, aber auch am Bauch, an den Schenkelinnenflächen und im Bereich der Geschlechtsteile.

> **TIPP**
> Beim Verdacht auf Milbenbefall sollten Sie sofort zum Tierarzt gehen. Er wird mit einer entsprechenden Behandlung beginnen, die allerdings sehr langwierig sein kann.

Infektionskrankheiten

Von Infektionskrankheiten werden Welpen und Junghunde weit häufiger befallen als erwachsene Tiere, deren Abwehrsystem stabiler ist. Überanstengung, Wurmbefall, falsche, unsachgemäße Fütterung und verschiedene andere schädliche Umwelteinflüsse können die Abwehrkräfte schwächen und so die Infektionsbereitschaft erhöhen.

Staupe, Hepatitis, Leptospirose, Tollwut und **Parvovirose** sind „die bösen Fünf", gegen die unser kleiner Schäferhundwelpe schutzgeimpft wurde. Wir müssen auch für eine regelmäßige Auffrischung des Impfschutzes sorgen. Die Erregergruppen der genannten Infektionskrankheiten sind hauptsächlich Bakterien und Viren. Ist ein Hund bereits erkrankt, so werden ihm spezifische Abwehrkörper gespritzt. Diese Behandlung nennt man passive Immunisierung, weil dem Hund künstlich – also passiv – mit einem Serum die Antikörper zugeführt werden. Der Abbau dieser Antikörper geschieht relativ schnell, weshalb eine Serumimmunisierung nur für einen kurzen Zeitraum Schutz bieten kann. Bei der aktiven Immunisierung bekommt der Hund den abgetöteten Erreger gespritzt. Er durchläuft daraufhin eine künstlich erzeugte Infektion, bei der der Organismus die entsprechenden Antikörper selbst bildet.

Der **Zwingerhusten** entsteht durch eine zugleich von Viren und Bakterien hervorgerufene Mischinfektion, wobei Hunde aller Altersgruppen von der Krankheit befallen werden können; vornehmlich sind jedoch Jungtiere von der Erkrankung betroffen. Man beobachtet einen kurzen, harten und trockenen Husten, eine Rachenentzündung meist ohne Fieber, gelegentlich tritt Brechreiz auf. Es gibt eine Impfung.

Während gegen alle genannten Infektionskrankheiten eine vorbeugende Schutzimpfung möglich ist, kommen gegen **Toxoplasmose, Aujeszky-Krankheit, Herpesvirus-Infektion – sogenanntes Welpensterben** – nur allgemeine Vorsichts- und Hygienemaßnahmen in Betracht.

Impftermine			
Alter	6 bis 8 Wochen	12 bis 14 Wochen	Auffrischimpfung
Hepatitis	x	x	1 bis 2 Jahre
Leptospirose	x	x	jährlich
Parvovirose	x	x	jährlich
Staupe	x	x	1 bis 2 Jahre
Tollwut	x	x	jährlich

Medikamente eingeben

Jeder Hundehalter, der schon einmal einen kranken Hund hatte, weiß, wie schwierig es ist, ihm die verordneten Medikamente einzugeben. Beim ersten Mal lässt sich unser Freund meist noch überlisten, aber danach wird es schwieriger.

55

In einem Hackfleischbällchen oder auch – ausnahmsweise – in Leberwurst lassen sich Tabletten und Kapseln verstecken. Das funktioniert aber nur, wenn der Hund durch seine Krankheit nicht an Appetitlosigkeit leidet. In dem Fall schiebt man die Tablette über die Zunge soweit wie möglich in den Rachenraum, zieht den Finger schnell zurück und hält den Fang leicht zu. Dadurch wird ein Schluckreflex provoziert, wobei im Tablettenschlucken erfahrene Hunde eine erstaunliche Raffinesse an den Tag legen, ehe sie schließlich doch noch abschlucken. Kraulen am Hals kann den Hund ablenken. Flüssige Medizin zu verabreichen, bereitet wenig Schwierigkeiten, wenn man durch das Hochziehen der Lefze eine Tasche bildet und in diese das Medikament einträufelt. Will der Hund nun aber absolut das Medikament nicht abschlucken, kann er durch ein kurzes Zuhalten der Nasenlöcher zum Schlucken gezwungen werden.

Pflege

Der Deutsche Schäferhund braucht keine besondere Pflege. Tägliches **Bürsten und Striegeln** – vor allem während des Haarwechsels – sorgen aber für das Wohlbefinden des Hundes und fördern von klein an den wichtigen Sozialkontakt zwischen Herrn und Hund. Ein im Handel erhältlicher Pflegehandschuh verbindet das Bürsten gleichzeitig mit Streicheleinheiten.

Ein breitzinkiger Kamm (rechts) und eine Krallenzange (unten) gehören zur „Ausstattung" des Hundes.

Pfoten, Augen, Ohren und Zähne

Im Winter sollten Sie der **Pfotenpflege** besondere Aufmerksamkeit widmen und nach dem Spaziergang zwischen den Zehen haftendes Streugut sorgfältig entfernen. Die Pfoten müssen immer dann abgespritzt oder gut abgewaschen werden, wenn der Spaziergang über mit Salz bestreute Wege führte. Danach empfiehlt es sich, die Pfoten mit Vaseline-Creme oder einem geeigneten Spray zu behandeln. Auf Eis, Salz und Split können die Hundepfoten leicht wund und rissig werden.

Die **Krallen** laufen sich von alleine ab, wenn sich der Hund häufig auf festem Boden bewegt. Bei viel Auslauf auf weichem Boden müssen bei unserem Schäfer Nägel, beziehungsweise Krallen gepflegt werden. Dies geschieht mit einer Krallenzange, die den Nagel schräg abnimmt, ohne zu drücken und dem Hund Schmerz zu verursachen. Mit ein

56

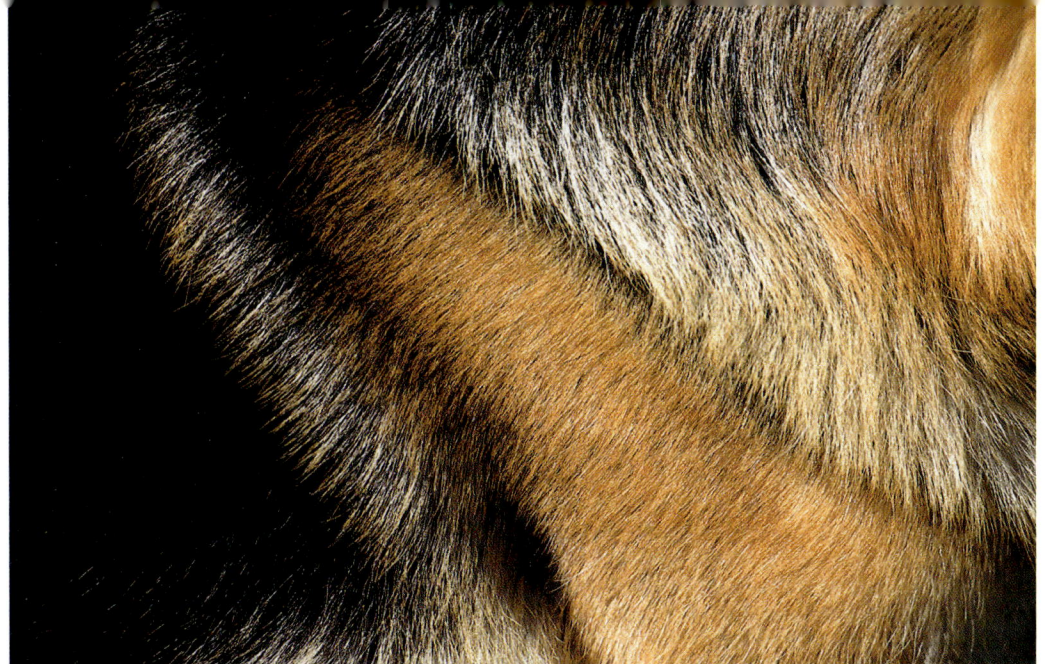

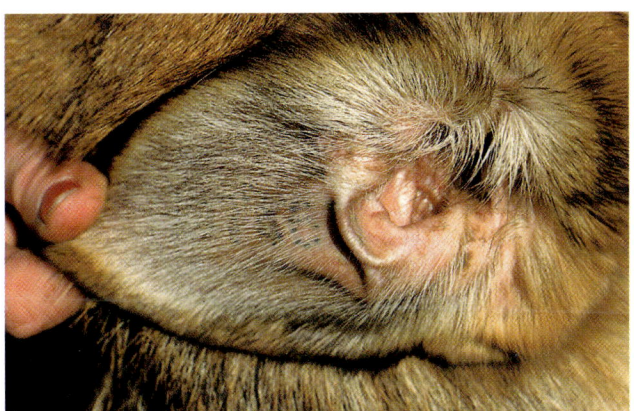

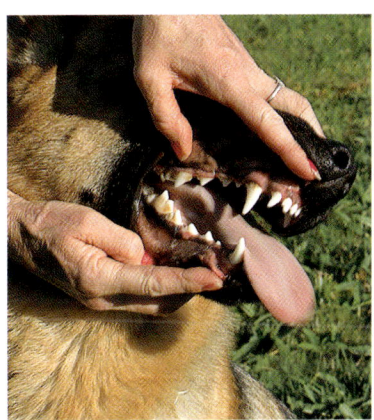

wenig Übung bekommt das der Hundehalter schnell in den Griff. Wurde dennoch einmal ein Nerv erwischt, bedarf es später viel guten Zuredens, um den Hund davon zu überzeugen, dass die Prozedur harmlos ist.

Außer dass die **Augen** morgens mit einem nicht fusselnden, feuchten Leinentuch von außen nach innen ausgewischt werden sollten, brauchen sie keine besondere Pflege.

Die **Ohren** sollten etwa alle 14 Tage mit einem in Babyöl getränkten Wattebausch sorgsam gesäubert werden. Dabei darf nur der äußere Gehörgang gereinigt werden. Wer glaubt, für die Ohrpflege zu wenig Routine zu besitzen, kann ein spezielles Ohrreinigungsmittel benutzen, das nur in das Ohr eingefüllt wird. Nach anschließendem Massieren des Gehörganges mit leichten Fingerbewegungen von unten nach oben kann mit einem um den Finger gewickelten Papierta-

Kontrolle des Fells und der Ohren auf Parasiten und der Zähne auf Zahnstein sollten Sie zur Routine werden lassen.

57

TIPP
Zur Reinigung der Hundeohren sollten niemals Q-Tips Verwendung finden. Nehmen Sie ein in um den Finger gewickeltes Papiertaschentuch.

schentuch das Öl wieder ausgetupft werden. Ansonsten schafft der Hund dies auch alleine, indem er den Kopf heftig schüttelt und die Reste nach außen befördert.

Hundekuchen, Rinderhufe, Ochsenziemer und ab und zu eine rohe Karotte zum Nagen verhindern weitgehend die Bildung von **Zahnstein**. Stärkere Beläge und Zahnstein können zur Entzündung des Zahnfleisches und zu Zahnausfall führen. Deshalb sollte der Tierarzt die Zähne von Zeit zu Zeit säubern. Bei extrem starker Zahnsteinbildung geschieht dies unter Narkose.

Baden

Immer wieder taucht die Frage auf, ob ein gelegentliches oder gar regelmäßiges Bad für das Wohlbefinden und die Gesunderhaltung des Hundes notwendig sei. Unser Vierbeiner darf gebadet werden (ausgenommen der Welpe bis zum Alter von zwölf Wochen!) – muss aber nicht! Bringt nun das vierbeinige Familienmitglied einmal besonders strenge Düfte mit nach Hause, ist freilich ein Vollbad angesagt. Dazu dürfen keine alkalihaltigen Seifen oder gar Waschmittel verwendet

Er ist nicht wasserscheu. Gegen ein freiwilliges Bad ab und zu ist nichts einzuwenden.

werden; wir besorgen uns ein rückfettendes Hundeshampoo, um die als Schutzmantel dienende Säureschicht auf der Haut nicht zu zerstören. Dieses Shampoo muss wieder vollständig ausgespült werden. Nach dem Bad wird der Hund dann gut trockenfrottiert.

Unfall und erste Hilfe

Manchmal stehen wir unvorhergesehenen Ereignissen, wie etwa einem Verkehrsunfall, recht hilflos gegenüber. Schlimm für unseren Vierbeiner, wenn niemand in der Nähe ist, der bis zum Eintreffen eines Tierarztes oder bis zum Transport dorthin erste Hilfe leisten kann. Es ist ratsam, mit dem Hund einen Erste-Hilfe-Kurs zu absolvieren, damit wir im Notfall auch entsprechend reagieren können.

Verkehrsunfall

Auch einem wohlerzogenen Hund kann es passieren, dass er von einem Auto angefahren wird. An besonders verkehrsreichen Stellen sollte er deshalb vorsorglich an der Leine bleiben. Ein kurzer Augenblick der Unaufmerksamkeit des Hundehalters genügt, und der Hund rennt – sogar mitsamt der Leine – über die Straße, weil er auf der anderen Seite etwas Interessantes – vielleicht einen anderen Hund – entdeckt hat.

Nach einem schweren Verkehrsunfall steht der Hund unter Schock, und dabei ist es sogar möglich, dass er nach den helfenden Personen abwehrend schnappt. Oberstes Gebot bei allen Unfällen ist es, zu versuchen, den Hund durch Zureden zu beruhigen. Dazu muss der Hundehalter selbst ruhig und besonnen reagieren, denn nichts überträgt sich mehr auf den Hund als ein nervöses Herrchen. Während des Schockzustandes kann es zu Bewusstseinstrübungen, ansteigender Pulsfrequenz und abfallendem Blutdruck mit gestörter Atemrhythmik bis hin zum Atemstillstand kommen. Der Hund muss auf die Seite gelegt werden und es sollte versucht werden, seine Zunge seitlich herauszuziehen. Mit einem Papiertaschentuch gelingt dies meist auch. Kommt es zum Atemstillstand, muss schnellstens künstlich beatmet werden. Dies kann nur eine Person mit entsprechenden Kenntnissen tun. Mit beiden Händen presst man den Brustkorb des Hundes kräftig zusammen und lässt wieder los. Es ist dabei notwendig, dass ein ziemlich starker Druck ausgeübt wird. Ein Helfer muss währenddessen darauf achten, dass die Zunge den Atemweg nicht blockiert. Wenn der Hund wieder

> **TIPP** Nicht stillbare Blutungen an Kopf und Körper muss man so fest es geht, mit den Fingern zusammendrücken, bis der Tierarzt eintrifft.

59

selbstständig atmet, hört man damit auf, den Brustkorb zusammenzudrücken. Diese Tätigkeit ist mit einiger Kraftanstrengung verbunden, deshalb sollten sich zwei erfahrene Helfer abwechseln.

Verletzte Arterien an den Gliedmaßen werden zum Körper hin abgebunden, während man venöse Blutungen, die am dunklen Blut zu erkennen sind, durch körperfernes Abbinden versorgt. Es eignen sich zum Abbinden auch zwei fest aneinandergeknotete Taschentücher, wenn kein anderes Material da ist.

Diese Maßnahmen sind ausschließlich als „erste Hilfe" zu verstehen. Der Patient sollte so schnell wie möglich durch den Tierarzt versorgt werden.

> **TIPP**
> Lieber einmal zu viel zum Tierarzt als einmal zu spät. Schildern Sie dem Tierarzt die Symptome und erleichtern Sie ihm so die Diagnose.

Schnittverletzungen

Verletzungen, die durch Glassplitter meist an den Pfoten des Hundes entstanden sind, werden sorgfältig gesäubert. Chloromycetin mit Gentiana Violett vom Tierarzt erweist sich hier wie auch in ähnlichen Fällen als probates Mittel, denn das Spray trocknet nässende Wunden aus und der leicht bittere Geschmack verhindert, dass der Hund die Wunde ständig ableckt.

Beißereien

Meinungsverschiedenheiten unter Hunden können trotz guter sozialer Anpassung auch einmal durch Beißerei bereinigt werden. Das ist beispielsweise dann der Fall, wenn zwei geschlechtsreife Rüden ihre gemeinsame Vorliebe für eine läufige Hündin kundtun. Meist gehen solche Rangkämpfe ohne größere Blessuren ab. Kleine, nur oberflächliche Wunden müssen überhaupt nicht behandelt werden. Damit es zu keinen Verklebungen mit nachfolgenden Eiterungen kommt, empfiehlt es sich, die Haare um die Wunde herum abzuschneiden. Tiefgehende Beißwunden müssen genäht und mit einer antibiotikahaltigen Wund- und Heilsalbe nachbehandelt werden.

Hitzschlag

Kein verantwortungsvoller Hundehalter wird seinen Hund bei großer Hitze im Auto lassen. Während einer Reise in den Urlaub kann es jedoch vorkommen, dass das Auto an einem heißen Tag in einen Stau gerät. Der Hund kann sich dann durch Hecheln nicht mehr genügend abkühlen. Die Körpertemperatur des Hundes kann dabei bis 42 °C ansteigen. Außerdem hechelt der Hund immer mehr, der Herzschlag wird rasend schnell, und es kommt zur allgemeinen Mattigkeit, Krämpfen und sogar Bewusstlosigkeit. Der Hund muss dann unverzüglich an einen kühlen Ort gebracht werden, wo man ihn mit triefend nassen Tüchern abreibt. Keinesfalls darf er mit kaltem Wasser – etwa aus dem Eimer – überschüttet werden. Den Kreislauf kann man mit auf die Zunge geträufelten Tropfen Essig (20 bis 30 Tropfen beim ausgewachsenen Schäferhund) anregen.

Vergiftungen

Wenn der Verdacht besteht, dass der Hund irgendwelche Giftstoffe aufgenommen hat, muss bis zum Eintreffen des Tierarztes versucht werden, ihn zum Erbrechen zu bringen. Dazu gibt man ihm sehr warmes Salzwasser ein. Ist der Hund jedoch benommen oder gar bewusstlos, darf ihm keine Flüssigkeit eingeflößt werden, denn er könnte diese in die Luftröhre bekommen und ersticken. Milch, Öl oder Rizinus darf man nicht geben, wenn fettlösliche Giftstoffe aufgenommen wurden; lediglich bei Vergiftung mit Säuren und Lauge sollte Milch zusammen mit rohen Eiern eingegeben werden. Kann man auf schnellstem Wege zum Tierarzt gelangen, sollte man von der genannten Prozedur ganz absehen. Es ist für den Erfolg der Behandlung von Vorteil, wenn bekannt ist oder zumindest vermutet werden kann, welchen Giftstoff der Hund aufgenommen hat.

Magendrehung

Wird eine Magendrehung nicht rechtzeitig erkannt, führt sie zum Tod des Hundes. Als mögliche Ursachen werden zu hastiges Fressen, vermehrte Wasseraufnahme vor der Fütterung und anschließendes Herumtoben sowie Hochspringen diskutiert. Zu große Futtermengen und eventuell hohe Anteile an Kohlenhydraten bewirken eine Verminderung

Hausapotheke für den Hund

Sie ist kühl und trocken und vor Kindern geschützt aufzubewahren!

- Fieberthermometer
- Vaseline
- Desinfektionsmittel
- Insektenspray
- Mullbinden
- Verbandmull
- Leukoplast
- Verbandwatte
- Wurmmittel
- Ektoparasiten-Puder
- Kreislauftropfen
- Pinzette
- Papiertaschentücher
- Jodtinktur
- Wundgel
- Heilsalbe
- Ohrreinigungsmittel
- Augensalbe
- Puder
- gebogene Schere

TIPP
Bei einer Magendrehung muss der Hund sofort operiert werden, sonst stirbt er.

der Säureproduktion im Magen. Dies wiederum führt zur Gärung des aufgenommenen Futters und lässt den Magen aufgasen. Werden die äußeren Zeichen – schnelles Aufblähen des Abdomens (Bauches) und anschließend rasche Hinfälligkeit und Kreislaufschwäche – zu spät bemerkt, tritt schon nach kurzer Zeit der Tod ein. Früh genug erkannt, ist der Hund aber durch eine Operation zu retten.

Erkrankungen des Bewegungsapparates

Von einigen Erkrankungen, die die Bewegungsfähigkeit des Hundes einschränken können und mitunter dazu führen, dass er sich nur unter großen Schmerzen fortbewegen kann, weiß man, dass sie genetisch bedingt sind. Daher sind sie auch von den Züchtern Deutscher Schäferhunde gefürchtet. Auch wenn man versucht, durch züchterische Maßnahmen gegenzusteuern, so sind die Ergebnisse noch nicht befriedigend. Besonders für einen Gebrauchshund aber ist ein einwandfreier und funktionsfähiger Bewegungsapparat das A und O.

Hüftgelenksdysplasie

Das Wort Dysplasie bedeutet: Missgestalt, Fehlbildung, -entwicklung; minderwertige Anlage, zum Beispiel minderwertige Gelenkanlage – hier des Hüftgelenks. Die Fehlbildung des Hüftgelenks ist so, dass die Gelenkpfanne und der Oberschenkelkopf in ihrer Form nicht zueinander passen. Natürlich zeigt sich diese Fehlbildung nicht immer in gleich starkem Ausmaß und sie kann sich sowohl nur in einer Anomalie des Oberschenkelkopfes als auch in einer der Hüftgelenkpfanne äußern; oder sie tritt bei

TIPP
Schwer geschädigte Hüftgelenke können durch eine sogenannte Endoprothese korrigiert werden. Damit hat der Hund ein weitgehend beschwerdefreies Leben.

beiden gleichermaßen auf. Die Hüftgelenksdysplasie (HD) kann einseitig oder auch auf beiden Seiten zu Tage treten. Durch die Fehlbildung und die damit einhergehende Fehlbelastung führt die Hüftgelenksdysplasie mit zunehmendem Alter des Hundes zu weiteren schweren, degenerativen Veränderungen des Gelenks mit Bewegungseinschränkung bis hin zur völligen Lahmheit und entsprechend starken Schmerzsymptomen. Da vor allem jüngere, an HD erkrankte Tiere keine klinischen Symptome erkennen lassen, ist nur durch eine Röntgenuntersuchung – möglichst bei dem Hund, der seine Wachstumsphase abgeschlossen hat – zu diagnostizieren, ob Abnormitäten des Hüftgelenks vorliegen.

Als in den USA nach dem Zweiten Weltkrieg vermehrt Deutsche Schäferhunde gefragt waren, wurde vor deren Einfuhr eine Bescheinigung über die HD-Freiheit verlangt, woraufhin der Verein für Deutsche Schäferhunde entsprechend reagierte und der Zucht ein Verfahren zur Bekämpfung der HD auferlegte, indem man Hunde mit mittlerer und schwerer HD nicht ankörte – das heißt sie waren nicht zuchttauglich. Mittlerweile sind die Auflagen viel strenger, denn auch nur ein Grad HD ist nach Ansicht von Experten eines zuviel.

Der Erfolg jeder züchterischen Maßnahme stellt sich nicht in der ersten und auch nicht konstant in der zweiten Zuchtgeneration ein. So können HD-freie Eltern immer wieder einmal einen mit HD behafteten Welpen produzieren. Im umgekehrten Falle allerdings (beide Eltern HD) führt dies kaum jemals zu HD-freier Nachzucht.

Ein Welpe mit den genetischen Dispositionen zur HD kann durchaus beschwerde- und symptomenfrei bleiben, wenn seine Haltungsbedingungen dies unterstützen. Ein anderer Welpe des gleichen Wurfes hingegen vermag alle Anzeichen einer ausgeprägten HD zeigen, wenn Fütterung und übermäßige Belastung (zu früher Sport) die Symptome der HD provozieren.

Die klinischen Symptome bei Hüftgelenksdysplasie: Beschwerden beim Treppensteigen, schnelle Ermüdung, Entlastung einer Hinter-

Ein Hund, der durch HD in seiner Beweglichkeit eingeschränkt ist, kann solche Sprünge durch Sommerwiesen nicht mehr genießen.

63

gliedmaße – möglicherweise auch beider, steile Haltung, Muskelatrophie der Hintergliedmaße(n), Beschwerden beim Aufstehen und bei den ersten Schritten danach, unkoordinierte Bewegung der Hinterhand, Lahmheit der Hintergliedmaße(n) regelmäßig oder bei Anstrengung. All dies zeigt deutlich, wie wichtig eine einwandfreie Funktion der Gliedmaßen gerade für den Hund ist, der Leistung bringt.

Patella-Luxation

Die Luxation (Instabilität) der Kniescheibe ist eine häufig vorkommende Erkrankung, die entweder angeboren oder traumatisch bedingt ist. Die Symptome können sich in hochgradigen Schmerzen mit ausgeprägter Lahmheit zeigen, wobei sowohl einseitige als auch beidseitige Luxationen vorkommen. Obwohl die Patella-Luxation vornehmlich bei kleinen Hunderassen anzutreffen ist, kann sie auch bei unserem Schäferhund auftreten.

Störungen des Knochenwachstums

Als Folge von Fehl- oder Überbelastungen des Skeletts können, vor allem bei mittel- bis großwüchsigen Rassen, zu denen der Deutsche Schäferhund zählt, Knochenwachstumsstörungen auftreten. Auch hier geht man von genetischer Disposition und anderen auslösenden Faktoren aus. Schnelles und durch übermäßige, energie- und proteinreiche Ernährung forciertes Wachstum zählen zu den auslösenden Faktoren. Auch eine Vitamin- und Mineralstoffversorgung im falschen Verhältnis zueinander sowie übertriebene Knochen- und Gelenkbelastungen als Folge eines heftigen Temperaments des Hundes oder zu früh begonnenen körperlichen Trainings können sich negativ auf das Knochenwachstum auswirken.

Störungen im Knochenwachstum können vermieden werden: durch richtige Fütterung und behutsames Training, solange der Hund noch wächst.

Fütterung

Bei Übernahme des Welpen vom Züchter lässt sich der frischgebackene Hundebesitzer genau erklären, womit und wie der kleine Hund dort gefüttert wurde. Eine abrupte Umstellung der Kost könnte zu Magen-Darm-Störungen führen. Erst allmählich kann die

TIPP Wenn wir den Hund zu festen Zeiten füttern, erziehen wir ihn zum „gierigen" Fresser und nicht zu einem Schleckermäulchen, das nie richtigen Appetit hat.

Ernährungsweise verändert werden. Ob wir nun Futter „nach Art des Hauses" verabreichen möchten oder auf die ausgewogenen Fertigfutter zurückgreifen, eines ist unumstößliches Gesetz: Niemals am Futter des Junghundes sparen!

Damit ist natürlich an die Qualität und weniger an die Quantität gedacht. Die Mahlzeiten des Junghundes sind vergleichbar mit Bausteinen, die ein solides Fundament für ein ganzes Leben bilden. Was beim jungen Hund bei der Fütterung versäumt wird, durch Unkenntnis, Nachlässigkeit oder einfach, weil man glaubt, minderwertiges Futter genüge für die Aufzucht, lässt sich später nicht wieder gutmachen.

Ernährung des Welpen

Der zwei bis drei Monate alte Hund erhält in der Zeit zwischen 6.00 Uhr morgens und 22.00 Uhr abends noch vier- bis fünfmal Futter; bis zum Alter von fünf Monaten bekommt er drei bis vier Mahlzeiten; von sechs bis elf Monaten werden drei Fütterungen verabreicht, im Alter von zwölf Monaten zwei, und danach ist nur noch eine Hauptmahlzeit nötig. Nach 17.00 Uhr sollte der junge Hund kein oder nur wenig Wasser bekommen, um seine Blase über Nacht nicht über Gebühr zu belasten.

Das Futter wird zu den regelmäßigen, festgelegten Zeiten verabreicht; Reste dürfen nicht bis zur nächsten Mahlzeit stehenbleiben, sie werden entfernt. Das heißt, was in etwa zehn Minuten nicht aufgefressen ist, wird weggenommen oder je nach Art des Futters, frischgehalten und zur nächsten Mahlzeit nochmals angeboten. Leicht säuerndes Futter müssen wir vernichten.

Dass Futter- und Wasserschüssel peinlich sauber gehalten werden müssen, bedarf eigentlich keiner besonderen Erwähnung.

Hat sich der Hund tüchtig ausgetobt, ist ihm zunächst nicht nach Fressen zumute. Bis zur Fütterung sollte ihm eine Ruhepause von wenigstens einer halben Stunde gegönnt werden. Frischwasser sollte dem Hund aber stets zugänglich sein – ausgenommen in den späten Abendstunden.

Nährstoffe

Neben den lebenswichtigen Vitaminen, Mineralstoffen und Spurenelementen setzt sich die Nahrung des Hundes aus den Grundbausteinen **Eiweiß** (Protein), **Fett** und **Kohlenhydraten** zusammen. Während Fette und Kohlenhydrate einander zeitweilig ersetzen können, sind sie jedoch nicht imstande, die Funktion der Eiweiße zu übernehmen, die den lebensnotwendigen Stickstoff enthalten.

Die Tatsache, dass der Organismus des erwachsenen Hundes zu mehr als 50 % aus **Wasser** besteht und der des Welpen zu 75 %, macht die enorme Bedeutung eines funktionsfähigen Wasserhaushaltes deutlich. Die Einbuße nur eines Zehntels des für seinen Körperhaushalt notwendigen Wassers kann ein Hund nicht überleben. Die Flüssigkeitsaufnahme erfolgt zum größten Teil durch das Trinkwasser und die Nahrung. Der Bedarf an Flüssigkeit richtet sich nach der Leistung des Hundes (Bewegung, Ausbildung), dem Wetter (bei warmer Witterung verdampft der Körper mehr Wasser als bei großer Kälte) und der Körpertemperatur des Hundes. Wissenschaftlichen Studien zufolge benötigt der Hund pro Kilogramm Körpergewicht 60 bis 75 ml Wasser am Tag; das heißt, die Flüssigkeit, die er nicht über die Nahrung erhält, muss als Trinkwasser angeboten werden. Ein Hund mit einem Gewicht von 20 kg braucht zirka 1,5 l Wasser am Tag. Junge Hunde trinken und fressen im Verhältnis zu ausgewachsenen Tieren mehr. Das ist darauf zurückzuführen, dass die Körperoberfläche eines kleinen Hundes relativ zur Körpermasse größer ist als die eines großen Tieres und mehr Energie und höhere Stoffwechselaktivität nötig ist, um die Körperwärme konstant zu halten.

Hinweise zur Fütterung

Auch wenn die Hunde zu den Carnivoren (Fleischfresser) zählen, bedeutet das nicht, dass unser Vierbeiner ausschließlich von Fleisch leben sollte. Seine wilden Vorfahren ernährten sich auch nicht nur von purem Fleisch. Die Beutetiere wurden in großen Stücken samt Magen und Eingeweiden verschlungen und der enthaltene Speisebrei – auch pflanzlicher Herkunft – deckte den notwendigen Bedarf an Nähr- und Aufbaustoffen mit ab. Fleisch bleibt zwar wichtigster Bestandteil der Ernährung auch des über Jahrtausende domestizierten Hundes; eine ausschließliche Fleischfütterung führt jedoch zu Mangelerscheinungen.

> **TIPP** Für eine gute Entwicklung und Gesundheit braucht besonders der junge Hund tierische und pflanzliche Nahrungsmittel.

Vielfach wird angenommen, Fleisch ohne entsprechendes Zusatzfutter sei das Beste, was man seinem Vierbeiner bieten könne. Dem ist nicht so.

Reine Fleischkost enthält oft viel Fett. Da Fett einen doppelt so hohen Brennwert hat wie Eiweiß und Kohlenhydrate, resultiert aus reiner Fleischfütterung sehr bald eine Fettsucht des Hundes mit all ihren negativen Erscheinungen. Auch der hohe Anteil an gesättigten Fettsäuren im Fleisch wirkt sich ungünstig aus. Reines Fleisch ist relativ arm an Kalzium; es zeichnet sich aber durch einen höheren Phosphorgehalt aus. Dies führt zur Verschiebung des Kalzium-Phosphor-Verhältnisses im Blut und zu Skelettveränderungen. Wird dem Hund genügend Leber gefüttert, kann der ziemlich geringe Gehalt des Fleisches an fettlöslichen Vitaminen kompensiert werden; mit der Zeit tritt jedoch ein Mangel an Vitaminen des B-Komplexes ein.

Als **Fleisch** mit Fettanteil eignet sich Muskelfleisch vom Rind. Kalbfleisch dagegen ist mager; wegen der hohen Kosten kann jedoch auf preisgünstigeres Hühnerfleisch (Brust und Keule) zurückgegriffen werden, welches ebenfalls mager ist. Die Innereien Herz, Leber, Niere, Milz und Pansen sollten auf dem Speisezettel des Hundes nicht fehlen.

Rohes Fleisch wird vom Hund gut verdaut; sein Magen-Darm-Kanal ist darauf ausgerichtet. Hitzebehandeltes Fleisch (gebrüht, gekocht, gebraten) kann er allerdings besser verwerten. Wegen der Infektionsgefahr mit der Aujeszky-Krankheit darf Schweinefleisch niemals roh verfüttert werden. Leber besitzt einen hohen Bestandteil an Vitamin A und D und sollte in Maßen verfüttert werden. Herz weist einen hohen Phosphorgehalt auf, daher sollte der Hund nicht zu oft davon bekommen.

Lunge (bereits gekocht gekauft) hat wenig Nährwert und dient allenfalls einem fettsüchtigen Hund als Magenfüller. Hundehalter sind

67

oft der Meinung, dass Salz dem Hund schadet; das Gegenteil aber ist der Fall: Bei hohem Getreideanteil im Futter ist eine Prise Salz sogar notwendig. Die Beigabe von geriebenen Karotten oder gemahlenen Leinsamen mit einem hohen Gehalt an essentiellen Fettsäuren, ebenso ein regelmäßiger Zusatz von Bierhefe oder Hefeflocken sollten in der Fütterung des jungen Hundes zur Routine werden. Süßigkeiten, scharf gewürzte Speisen oder Geräuchertes bekommt der Hund hingegen niemals zu fressen.

Wer frischen Pansen kaufen kann, gibt diesen seinem Hund unge-putzt, mitsamt dem Blättermagen. Eine solche Fütterung ist nicht ganz so appetitlich zuzubereiten. Dem Pansen fehlen die essentiellen Aminosäuren, deshalb ist die Zugabe von Milchprodukten zu empfehlen. Alle **Milchprodukte** (Quark, Molke, Käse) enthalten außerdem hochwertiges Eiweiß. Da die meisten Futtermittel zu viel Phosphor, aber zu wenig Kalzium enthalten, ist auch hier die Beifütterung von Milchprodukten oder Kalziumkarbonat (der junge Hund erhält täglich 0,5 g/kg) dringend angeraten. Wenn Kuhmilch gegeben wird, ist zu bedenken, dass diese zirka 17 % weniger Fett enthält als Hundemilch. Das Fett muss zugesetzt werden. Die Kombination von drei Vierteln Kuhmilch und ein Viertel Kondensmilch gleicht den Fettmangel aus.

> Jeder, der einen Hund hält, muss selbst entscheiden, ob er Fertigfutter verwenden will, das in der Regel alle notwendigen und auf das Alter des Hundes abgestimmten Inhaltsstoffe enthält oder ob er sich die Mühe machen und das Futter selbst zubereiten will.

Ein im Wachstum stehender Hund hat einen hohen Kalkbedarf. Die angebotene Kalkmenge soll 10 % der Gesamtfuttermenge nicht unterschreiten. Das Verhältnis von Kalzium zu Phosphor im Futter sollte 1,2 : 1 bis 2 : 1 betragen. Die Wirkung von Vitamin D muss immer in Verbindung mit dem Kalzium-Phosphor-Verhältnis gesehen werden; das heißt, neben Vitamin-D-Gaben ist eine ausreichende Kalziumzufuhr erforderlich. Bei einer Überdosierung wirkt Vitamin D schädlich. Es wäre falsch zu denken: viel hilft viel. Zu viel Vitamin D führt zur Entkalkung der Knochen!

Die Gabe von Knochen ist in der Hundefütterung – entgegen der landläufigen Meinung – nicht notwendig. Ein weicher Kalbsknochen schadet dem jungen Hund zwar nicht, harte Röhrenknochen von Geflügel hingegen können durch Knochenabsplitterungen beim Zerkauen zu schweren Darmverletzungen führen. Kotelettknochen können sich in der Speiseröhre festsetzen. Beim jungen Hund können Knochen durch das Nagen zu Missbildungen an den noch weichen Zähnen führen.

Als **pflanzliche Kost** gibt man Haferflocken, gekochten Reis, daneben Karotten, Leinsamen und Weckmehl. Haferflocken und Reis werden vor der Fütterung gekocht und zum Fleisch gemischt. Rohkost in

Form von Karotten oder in Stückchen geschnittenem Apfel sollte der Hund bekommen, wann immer er es mag.

Eier verfüttert man dem Hund hartgekocht und zerkleinert oder aber nur das rohe Eigelb ohne Eiweiß.

Fertigfutter

Die Ausgewogenheit der meisten auf dem Markt angebotenen Fertigfutter ermöglicht es dem Halter, seinen Hund ausschließlich mit solchen Produkten zu ernähren, vorausgesetzt, es handelt sich um ein als Vollnahrung deklariertes Futter. Dann muss es alle für den Hund notwendigen Vitamine, Mineralstoffe und Spurenelemente enthalten. Dabei ist besonders auch auf den Gehalt an Vitamin C zu achten, ebenso auf die Haltbarkeit und damit Wirksamkeit (Verfalldatum) der enthaltenen Vitamine.

Wenn der Hund Fertig- oder Trockenfutter bekommt, muss immer genügend frisches Wasser bereitstehen.

Vollnahrung wird sowohl in trockener Form als auch in Dosen angeboten. Wenn Dosenfutter vorwiegend Fleisch, Fleischbestandteile und Innereien enthält, muss – ebenso wie bei der Frischfleischfütterung – entsprechendes Beifutter gereicht werden. Ein als Alleinfutter oder als Vollnahrung für Hunde angebotenes Dosenfutter soll neben Fleisch und tierischen Nebenerzeugnissen auch Getreide, pflanzliche Eiweißextrakte, pflanzliche Nebenerzeugnisse und Mineralstoffe und Vitamine enthalten.

Trocken-Fertigfutter enthält ebenfalls ein ausgewogenes Eiweiß-Kohlenhydrat-Fett-Verhältnis mit 25 bis 40 % Fleisch. Das Flüssigkeitsbedürfnis des Hundes ist allerdings wegen des geringen Wassergehaltes im Trockenfutter weitaus höher als bei herkömmlichem Futter, der Hund muss also entsprechend mehr trinken, wenn er Trockenfutter bekommt. Trockenfutter enthält lediglich etwa 10 % Wasser, Frischfleisch hingegen 70 bis 80 %.

Spiel und Sport

Rechte Seite: Spektakuläre Erlebnisse erwarten den Zuschauer beim „Slalom" einer Agility-Vorführung.

Gebrauchshunde verlangen nach reichlich sinnvoller Beschäftigung. Für den frischgebackenen Schäferhundbesitzer heißt das, das vielfältige Angebot der Hundesportvereine, besonders das des Vereins für Deutsche Schäferhunde (SV) zu nutzen.

Wieviel Bewegung für den jungen Schäferhund?

Über die täglich vier bis fünf „Versäuberungs"-Spaziergänge von jeweils 10 bis 15 Minuten hinaus sollte der acht bis zehn Wochen alte Schäferhund-Welpe noch nicht belastet werden. Knochen und Bänder entwickeln erst im Laufe der Zeit eine Stabilität, die auch längere Ausflüge erlaubt. Das gilt auch – oder gerade – für den späteren Sportler, dessen gesamte körperliche Entwicklung reifen muss. Eine Überbelastung des jungen Schäfers kann sich auch negativ auf eine vorhandene Veranlagung zur Hüftgelenksdysplasie auswirken, auf die vorher ausführlich eingegangen wurde.

Im Spiel mit anderen Hunden muss der Besitzer die Freude am Tun stoppen, wenn er erkennt, dass der Welpe Ermüdungserscheinungen zeigt. Meist schätzen die Welpen ihre Fähigkeiten in der spielerischen Bewegung mit anderen Vierbeinern gut ein und zeigen deutlich, wenn sie genug haben; im Übereifer können sie sich natürlich auch leicht zuviel zumuten. Herrchens wachsames Auge sollte dem vorbeugen. Wirft sich der junge Hund bei einem Spaziergang nach einiger Zeit einfach hin, ist für dieses Mal seine Kraft erschöpft; doch er sollte gar nicht erst bis an den Rande seiner Belastbarkeit kommen, denn zu schnell sind irreparable Schäden am Skelett des jungen Tieres entstanden.

Spielerische Betätigung im Welpenalter baut unseren Schäferhund psychisch und physisch auf. Dazu gehört auch schon einmal das Durchkriechen von Röhren, das Überwinden eines Laufstegs und später einer Wippe, keinesfalls aber sollte eine Steilwand in Angriff genommen werden. Solche Hindernisse sind dem ausgewachsenen Schäferhund vorbehalten.

Am Fahrrad sollte der junge Schäferhund erst ab einem Alter von acht Monaten in angemessenem Tempo mitlaufen dürfen, wobei eine

Strecke von fünf Kilometern schon viel ist. Der angeleinte Hund muss gezwungenermaßen mitlaufen und der Halter hat die Aufgabe, rechtzeitig umzukehren. Auch hier gilt zunächst: weniger ist mehr! Mit geringen Anforderungen beginnen und allmähliche Steigerungen einbauen, wenn man erkennt, dass der junge Hund belastungsfähiger geworden ist. Bis zu einem 20-Kilometer-Ausdauertraining am Fahrrad hat der junge Schäferhund noch bis zum Alter von über einem Jahr Zeit.

Kreativität ist gefragt

Alles, was unser Welpe spielerisch erlebt, bereitet ihm natürlich zunächst einmal Freude. Doch jedes Spiel hat auch einen erzieherischen Hintergrund. Es liegt auf der Hand, dass sich Herrchen immer wieder etwas Tolles einfallen lassen muss, um den Welpen zum Mittun zu motivieren. Niemals darf bei dem Hund Langeweile aufkommen, die ihn veranlassen könnte, Dinge zu tun, die Herrchen gar nicht gefallen. Wie soll sich der Welpe ausleben, wenn ihm keine Möglichkeit geboten wird, seiner Unternehmungslust nachzugehen?

Jeder Spaziergang mit dem jungen Hund kann zur „Spielzeit" werden. Es ist kein großer Erfindungsreichtum nötig, um unterwegs spannende Spiele einzubauen. Beliebt ist das Versteck- und Suchspiel, das gleich mehrere erzieherische Komponenten beinhaltet. Zum einen lernt der Hund, sein kleines Näschen intensiv zu nutzen, um Herrchen auf die Spur zu kommen, und zum anderen wird er sich künftig gar nicht weit von seiner Bezugsperson entfernen wollen, denn anfangs sitzt der Schreck über das vermeintlich verschwundene Herrchen doch tief.

Auch in der Wohnung lassen sich alle möglichen Spiele durchführen. Beliebt ist das Zerrspiel mit einem alten Lumpen. Dieses Spiel fußt zunächst einmal auf dem „Beute-machen" und dabei sollte das „Aus" auf Herrchens Geheiß von Anfang an eingebaut werden.

Bringspiele liebt der junge (und ältere bis alte!) Hund über alles. Da Ihr Schäferhund später kein Wild apportieren muss, darf er als Junghund vergnügt der Bringlust frönen. Der beliebte Tennisball ist nach Rat von Tierzahnärzten nicht das richtige Spielzeug, weil sich in der umhüllenden Schicht vieler-

> Welche Spiele Sie auch immer Ihrem vierbeinigen Partner anbieten, eines haben sie alle gemeinsam: Sie fördern das Vertrauen und die Kommunikationsfähigkeit des Hundes für alle späteren sportlichen Unternehmungen.

lei Sand- und andere Schmutzpartikel einnisten, die gerade auf ein jugendliches Hundegebiss die Wirkung von Schmirgelpapier entwickeln. Der Fachhandel hat genügend andere Spielbälle im Angebot. Wenn wir meinen, unser kleiner Vierbeiner sei nicht „scharf" auf Ballspiele, bedienen wir uns eines Balles, der mit Löchern versehen, begehrte Leckerlis „ausspuckt". Da wird auch der nicht begeisterte Ballspieler munter.

Mit Hilfe von Herrchen im Wald auf einem gefällten Baumstamm zu balancieren, das fördert das Selbstbewusstsein unseres kleinen Hundes ungemein und es ist eine gute Vorbereitung für die spätere Gerätearbeit zum Beispiel bei Agility.

Agility

Eine noch junge Sportart, die in den letzten Jahren Furore gemacht hat, fand ihren Weg von England zu uns: „Agility ist eine Disziplin, die allen Hunden offensteht. Sie besteht darin, die Hunde verschiedene Hindernisse überwinden zu lassen, mit der Absicht, ihre Intelligenz und ihre Gewandtheit zu erproben. Es handelt sich um ein erzieherisches und sportliches Spiel, welches ihre gute Einfügung in die Gesellschaft begünstigt. Diese Disziplin setzt eine gute Harmonie zwischen dem Hund und seinem Führer voraus und endet in perfektem Einvernehmen in ihrer Gruppe. Es ist also notwendig, dass die Teilnehmer die elementaren Grundlagen von Erziehung und Gehorsam beherrschen".

Wie wir sehen: Auch hier ist Gehorsam wieder oberstes Gebot. Ohne Gehorsam kann ein Hund in jeder Art sportlichen Wettbewerbs nicht bestehen. Eine Erkenntnis, die nicht jedem Hundehalter ganz klar zu sein scheint. Spätestens jetzt erkennen Sie, wie wichtig die Begleithundprüfung vor dem sportlichen Einsatz ist!

Unser tatendurstiger Schäferhund ist für Agility geradezu prädestiniert – entsprechende Kondition (körperliche Fitness) vorausgesetzt – und da nicht jeder Schäferhundbesitzer die Schutzhundprüfung „als Krone der Ausbildung" anstrebt, wendet er sich statt dessen dem vielseitigen Agilitysport zu. Doch nicht nur von dem Vierbeiner, sondern auch von Herrchen wird ein gehöriges Maß an Fitness erwartet.

Vor noch nicht zwei Jahrzehnten verband sich mit der Bezeichnung Hundeplatz oder Hundesportplatz ausschließlich die Ausbildung zum Schutzhund. Der später für die Zucht

> Der Verein für Deutsche Schäferhunde hat die Zeichen der Zeit erkannt und nahm sich früh des Agility-Sports an. In einer eigenen Bundesliga und in Regionalligen stehen Vereinsmannschaften miteinander im Wettstreit.

73

vorgesehene Schäferhund kommt auch heute noch nicht an dieser Hürde vorbei (siehe Kapitel Ausstellung und Zucht), doch wird andererseits ein so breites Feld der Betätigungen mit dem Vierbeiner geboten, das für den Hundehalter kaum noch Wünsche offenlässt.

TIPP Agility macht allen Beteiligten Spaß, aber die Geschicklichkeit und der Erfolg kommen erst durch regelmäßiges Training.

Agility (engl.: Behendigkeit, Beweglichkeit) ist vergleichbar mit dem Springsport bei Pferden. Natürlich darf unser Vierbeiner die Hindernisse alleine bewältigen, während der Hundehalter „behende" mitläuft. Ein Hindernisparcours wird aufgebaut, wobei die Sprünge für den Schäferhund eine Höhe von 55 bis 65 Zentimeter haben (für kleine Hunderassen gibt es einen Mini-Parcours). Nun muss der Schäferhund nicht nur „große Sprünge" machen, denn der Parcours ist noch gespickt mit anderen Dingen, die es zu durchkriechen, zu umlaufen – beispielsweise den kritischen Slalom – und zu überklettern gilt. Da macht am Anfang die Wippe Probleme, die ihm entgegenkommt, hat der Hund den Kipp-Punkt erreicht. Oder unser Springinsfeld versucht einen tollen Absprung von der Schrägwand, die er doch am Ende mit den Füßen „kontakten" soll. Man sieht, dass neben sportlicher Fitness sehr viel Geschicklichkeit gefragt ist – also heißt's trainieren, trainieren...

Fangen wir mit dem Training an!

Das eigentliche Sprungtraining sollte nicht beginnen, bevor unser Schäferhund seinen ersten Geburtstag gefeiert hat, und das passt dann ja wieder gut, denn bevor unser Freund an einem Agility-Turnier teilnimmt, muss er die Begleithundprüfung absolviert und natürlich bestanden haben.

TIPP Geschickte Handwerker können zu Hause selbst Hindernisse für einen kleinen Agilityparcours bauen und nach Lust und Laune üben.

Wer keine Möglichkeit hat, regelmäßig zu einem Hundesportplatz zu gehen, kann mit ein wenig Geschick das eine oder andere Hindernis selbst bauen. Umgekehrt in den Boden gesteckte Kehrbesen ersetzen die Bürsten-Hürde. Ein großer, fest im Boden verankerter Autoreifen leistet gute Vorarbeit für den Reifen, den der Hund im Parcours durchspringen muss, der dort allerdings etwas höher hängt. Das Üben „im Vorgarten" ist aber nur für zwischendurch gedacht. Richtig trainieren sollte man nur unter fachlicher Anleitung auf dem Hundeplatz. Später halten sich unsere zwei- und vierbeinigen Agility-Profis über das eigentliche Training hinaus mit Joggen fit. Das lockert die Muskulatur. Es lassen sich zudem Tempowechsel und kleine Hindernisse einbauen. Zwischendurch

einmal Stehenbleiben oder langsam Gehen lehren den Hund, sein Temperament im Zaum zu halten.

Mobility

Für den Hundehalter, der sich für Agility zu wenig „behende" fühlt und auch nicht nach ganz so strengen Vorgaben dennoch seinen sportlichen Ambitionen nachgehen möchte, hat in der Schweiz die Kommission KAMO (Kommission Agility, Mobility und Obedience) ein Programm für jedermann zum Mitmachen geschaffen: JEKAMI. Dieses Programm soll „allen Leuten und allen Hunden, ob groß oder klein, jung oder alt, leicht oder schwer, regsam oder bedächtig", zumutbar sein.

Bei einer Mobility-Veranstaltung ist zu beobachten, dass sich Hundehalter ohne Zeit- und Leistungsdruck zusammenfinden, um mit ihrem Vierbeiner einen lockeren und durchaus fröhlichen Wettkampf zu absolvieren. Freilich sind auch Hindernisse aufgebaut oder lustige Dinge wie eine Hundeschaukel. Das Fahren des Hundes in einem Handwagen gehören zum Wettbewerb, welcher – wie bei der großen Schwester Agility – mit einer Medaille honoriert wird (dies allerdings bei Vorlage des Leistungsausweises nach fünf bestandenen Mobility-Veranstaltungen). „Echte" Hundesportler nehmen Mobility vielleicht nicht sehr ernst; der Hintergedanke der Schweizer war aber, dass der eine oder andere Mobility-Schnupperer später zum ernsthafteren Agility überwechselt.

Als Gebrauchshund ein Allrounder

Der Deutsche Schäferhund ist wie kaum eine andere Rasse für die vielfältigsten Aufgaben einsetzbar. Neben den verschiedenen Betätigungsfeldern arbeitet er jedoch noch immer bei der Herde – seiner ursprünglichen Bestimmung gemäß.

Der Helfer des Schäfers

Die Hütewettbewerbe zeigen den Deutschen Schäferhund in seinem angestammten Element. Hier muss er sich bewähren und zeigen, was er gelernt hat. Vieles vermag ihm der Schäfer beizubringen, die Eignung zum Arbeiten an der Herde liegt dem Schäferhund jedoch im Blut.

TIPP Das Bundesleistungshüten ist im SV inzwischen ein gleich wichtiges Ereignis wie die Bundessieger-Zuchtschau.

Leistungshüten

Dass sehr viele Besucher bei diesen Veranstaltungen das Geschehen verfolgen, hat sicher mit der Naturverbundenheit der Menschen oder zumindest mit ihrem Bedürfnis nach einem Stück unverdorbener Natur zu tun. Und so ist es auch wirklich ein besonderes Ereignis zu sehen, wie gut die Symbiose Mensch–Tier funktioniert.

Eine lange Tradition

Hütewettbewerbe haben eine lange Geschichte. Schon vor der Gründung des Vereins für Deutsche Schäferhunde Ende des 19. Jahrhunderts trafen sich Schäfer zum Wettkampf mit ihren Hunden und Herden.

Auf der einen Seite veranstalten die Landesschafzuchtverbände Landes-, Bereichs- und Bundeshaupt-Leistungshüten, denen Ausscheidungswettbewerbe auf Kreis- und Bezirksebene vorausgehen. Dabei steht neben dem sportlichen Wettbewerb und der Schau für die Öffentlichkeit vor allem die Berufsförderung im Vordergrund. Hervorzu-

heben ist hier noch das sogenannte Lehrhüten für in der Ausbildung stehende Schäfer.

Andererseits richtet der Verein für Deutsche Schäferhunde sein Leistungshüten in Zusammenarbeit mit den regionalen Schäfervereinen aus. Der Verein für Deutsche Schäferhunde will den Gebrauchswert der von ihm betreuten Hunde und die vielfältigen Verwendungsmöglichkeiten des Deutschen Schäferhundes unter Beweis stellen.

Gute Zusammenarbeit

Alle Aufgaben während der Hüteprüfung können nur gelöst werden, wenn zwischen dem Schäfer und seinem Hund absolutes Einverständnis herrscht. Jeder Schäfer hat die gleichen Chancen, das heißt, jeder hütet mit dem eigenen Hund eine fremde Herde. Dabei ist der erste Schäfer wegen der noch unruhigen Schafe etwas benachteiligt. Nach mehrmaligem Aus- und Einpferchen gibt sich die Herde dann schon gelassener und es kommt sehr darauf an, wieviel Ruhe der Hund einbringt. Manch ungestümer, junger Hüter vermag durch seinen Übereifer die Herde nicht so zu beruhigen und zusammenzuhalten, wie es das Schiedsgericht gerne sehen würde. Die Beurteilung der Hüteveranlagung kann entsprechend von lebhaft über faul bis hin zum scheuen Hund reichen.

Die höchste Wertung, die im Wettbewerb erreicht werden kann, sind 100 Punkte; aber wer drei oder vier Punkte schlechter abgeschnitten hat, darf sich zu den Erstplazierten des Wettbewerbs zählen.

Nach dem Ein- und Auspferchen werden ein weites und ein enges Gehüt verlangt. Ferner muss sich die Herde auf einer Straße bewegen und schließlich eine Brücke überqueren. Aber nicht nur als Hüter soll sich der Hund bewähren, er hat auch die ihm anvertraute Herde gegen Scheintäter zu verteidigen. Deshalb gehört der Verteidigungstrieb neben dem Hütetrieb zu den wichtigsten Eigenschaften des Schäferhundes. In der Praxis zählen allerdings Angriffs- und Verteidigungsbereitschaft gegenüber zwei- und vierbeinigen Räubern sicher nicht mehr zur vordergründigen Aufgabe eines Hütehundes.

Nicht immer bleibt die Herde zusammen und es gehört ebenfalls zur Arbeit des Hundes, einzelne, abgekommene Tiere wieder an die Herde heranzutreiben. Erst wenn die Schafe ruhig grasen und beieinander bleiben, legt sich der Hütehund in einiger Entfernung nieder, ohne jedoch dabei die Tiere aus den Augen zu lassen.

Wenn dann die Bewertung am Ende des Wettbewerbs gut ausfällt, haben sich für den Schäfer und seinen Hund die Mühe und Anstrengung gelohnt. Sie dürfen sich für den Rest diese Tages entspannen.

Schäferhunde im „Dienst"

Von rund 10 000 Tieren im Dienst von Polizei, Zoll, Grenzschutz und Bundeswehr sind nach Angaben des Vereins für Deutsche Schäferhunde etwa 80 Prozent Hunde dieser Rasse. Das ist eine beachtliche Zahl.

Auf Anraten des Rittmeisters von Stephanitz empfahl das Preußische Innenministerium die Anschaffung von Hunden, die dem Polizeieinsatz dienen sollten. So werden bereits Ende des 19. Jahrhunderts in verschiedenen Städten und Gemeinden Diensthunde erwähnt. Die Aufgaben der Polizei waren damals allerdings etwas anders als heute. Der Polizei oblag auch das Nachtwächteramt.

Die erste Polizeihundprüfung fand 1902 statt. Freilich kamen auch andere Gebrauchshunderassen wie Airedale Terrier, Dobermann und Rottweiler zum Einsatz, doch der Deutsche Schäferhund machte von da an als Diensthund seinen Weg. Die Aufgaben eines Polizeidiensthundes haben sich im Laufe des vorigen Jahrhunderts gründlich gewandelt. Die Hunde finden in unserer Zeit als Spezialisten in ganz verschiedenen Bereichen ihr Betätigungsfeld. Unangefochten ist der Schutzhund im Dienste der Polizei, und Spürhunde werden nach entsprechender Ausbildung als Fährten-, Rauschgift-, Sprengstoff- und Geruchsspurenvergleichshunde eingesetzt.

Der Deutsche Schäferhund mit anatomisch günstigen Kopf-Points wie einer relativ langen Schnauze und einem außerordentlich guten Riechorgan ist wie geschaffen, menschliche Gerüche auch aus großen Entfernungen aufzunehmen und sie bestimmten Personen zuzuordnen. Das Aufspüren, Verfolgen, Stellen und Abführen eines Täters ist für den ausgebildeten Diensthund der Polizei oder des Zolls Routinearbeit. Der Zollhund soll neben dem Stellen des Schmugglers möglichst auch das Schmuggelgut finden.

Das Auffinden von Drogen oder anderem Schmuggelgut basiert auf dem ausgeprägten Spieltrieb des Hundes. Die Belohnung geschieht nur durch das Spielzeug, deshalb ist der Schnüffler mit Feuereifer bei der Sache; die Drogen selbst motivieren den Hund nicht, ihn interessiert nur das Spielzeug, an dem der Geruch des zu suchenden Stoffes haftet.

Nur wenn sich der Täter zu entfernen versucht, was allerdings höchst selten vorkommt, darf der Diensthund zubeißen und die Flucht verhindern. Die Anwesenheit eines Polizeihundes ist schon respekteinflößend und allein deshalb ein positiver Aspekt.

Während der Ausbildung und auch später im Dienst untersteht der Polizeihund nur einem einzigen Hundeführer. „Nach Feierabend" sind Diensthunde angenehme, liebe Familienhunde und oft bleibt der Vierbeiner, der aus Altersgründen in „Pension" gehen muss, auch dann in der Familie seines Führers.

79

Da müssen wir runter! – Rettungshundeführer und sein Vierbeiner (hier ein Altdeutscher Schäferhund) beim Üben der Trümmersuche.

Retter nach Katastrophen

Das Rettungshundewesen ist noch relativ jung, denn erst Ende des Zweiten Weltkrieges setzte man Hunde zur Rettung ein.

Seit 1981 sind im Bundesverband für das Rettungshundewesen e. V (BRH) etwa 30 Hundestaffeln organisiert. Darüber hinaus treten noch die Hunde des Roten Kreuzes, des Arbeiter-Samariter-Bundes, der Malteser oder auch der Feuerwehr aktiv in Erscheinung, wenn es darum geht, schnell Menschenleben zu retten.

Bevor ein Rettungshund an einem Katastrophenort „arbeiten" darf, muss er eine lange und intensive Ausbildung absolvieren. Auch der Hundeführer hat viel Geduld und Mühe einzubringen. Die Halter und Führer von Rettungshunden arbeiten ehrenamtlich und verdienen – so wie ihre Vierbeiner – die größte Hochachtung.

Rettungshunde lassen sich mit dem Hubschrauber zum Einsatzort fliegen und abseilen, sie scheuen weder Feuer noch Wasser und kriechen mutig in finstere Höhlen. Dabei vernachlässigen sie sogar ihre eigene Sicherheit und bauen vollständig auf das Vertrauen zum Hundeführer. Wie sich bei Erdbeben- und anderen Katastropheneinsätzen zeigt, sind bei diesen schwierigen Einsätzen Deutsche Schäferhunde ganz vorne mit dabei.

Manche Hunde sind in der Flächen- und Trümmersuche einsetzbar oder als Lawinen- und Wasserrettungshunde ausgebildet. Die Vorstellung, dass nach dem Eignungstest die Hunde ihre Leistungen in den einzelnen Einsatzbereichen durch Prüfungen beweisen müssen, lässt nur ein wenig erahnen, wie viel Zeit, Mühe und vor allem Geduld nötig sind, um solche Spezialisten als Helfer für die Menschen auszubilden.

Inzwischen wurde viel technisches Gerät entwickelt, um Menschenleben nach Katastrophen zu retten und kommt auch erfolgreich zum Einsatz. Doch die lebendigen, vierbeinigen Retter werden dadurch auch in Zukunft nicht ersetzt werden können.

> **TIPP**
>
> Wer gerne mit seinem Schäferhund als Rettungshund arbeiten möchte, muss sich auf eine lange Lehr- und Ausbildungszeit gefasst machen und sowohl zeitlich wie auch finanziell unabhängig sein.

Der weiße Tod

Lawinensuchhunde sind Rettungshunde der besonderen Art. Hier machte zunächst eine ganz andere Hunderasse als der Lawinenhund von sich reden – nämlich Barry vom Großen St. Bernhard, der mehr als 40 Menschen vor dem weißen Tod gerettet haben soll. In der heutigen Zeit sind Deutsche Schäferhunde und andere wendige Rassen dem schweren Bernhardiner aber weit überlegen.

Auch diese Hunde, die schnell vor Ort sein müssen, werden an den Hubschrauber und an das Abseilen sowie den Transport mit Sesselliften gewöhnt. Für Übungs- und Prüfungszwecke kann ein künstlich geschaffenes Lawinenfeld dienen, denn vor dem Einsatz eines Lawinensuchhundes wird auch hier streng geprüft, um sicher zu sein, dass sich der Hund bei der Suche nach Verschütteten bewähren wird.

An den Gehorsam werden bei diesen Hunden besonders hohe Anforderungen gestellt. Der Hund muss beispielsweise unangeleint und ohne seinen Führer zu sehen, mindestens fünf Minuten lang korrekt abliegen, bevor er vom Führer wieder abgeholt wird. Mit jeder Prüfung (Lawinenhund I, II, III) steigt der Schwierigkeitsgrad. Zur L III wird eine Person mit zwei Metern Schnee, ein Rucksack mit 50 Zentimetern Schnee bedeckt. Nach 20 Minuten Wartezeit stehen 20 Minuten Suchzeit zur Verfügung. Abgesehen vom Verbellen kann der Hundeführer die Körpersprache seines Hundes so deuten, dass der Hund ihn auf den genauen Suchpunkt bringt.

Das Auge des Blinden

Ein Blinder hat durch seinen Führhund eine sehr viel größere Lebensqualität. Der Sehende kann dies nur vage erahnen.

Ein systematischer Aufbau und stufenweises Vorgehen sind bei der Ausbildung zum Blindenführhund äußerst wichtig. Entgegen den Erziehungsmethoden bei Hunden, die zu einem anderen Verwendungszweck ausgebildet werden und die auch meist viel früher beginnen, lernt der künftige Blindenführhund erst fast am Ende der Ausbildungszeit „Bei Fuß" zu gehen, nachdem er während seiner Ausbildung im Führgeschirr zuerst das Ziehen gelernt hat.

Schon die ersten Lebensmonate des Blindenführhundes stehen unter dem Aspekt seiner späteren Aufgabe. Der junge Hund soll sehr früh in eine Familie gelangen und dort aufwachsen. Besonders wichtig ist, dass er an den Straßenverkehr gewöhnt wird. Bereits beim jungen, zukünftigen Blindenhund wird ein Höchstmaß an nervlicher Belastbarkeit gegenüber Umweltreizen vorausgesetzt.

Während seines Aufenthaltes in einer Patenfamilie wird der junge Hund nur mit den notwendigen „Anstandsregeln" vertraut gemacht.

Eine Blindenführhundschule gibt als Lehrplan folgende Punkte an: Führen in gerader Richtung, in langsamer, normaler oder schneller Gangart, ohne dabei zu schnuppern oder sich durch irgend etwas ab-

Rechte Seite: Blinde Menschen gewinnen durch ihren Führhund große Unabhängigkeit und ein neues Selbstwertgefühl.

TIPP
Wenn Ihnen ein Blinder mit seinem Führhund begegnet: Sprechen Sie den Hund nicht an und streicheln Sie ihn nicht. Er sollte möglichst nicht abgelenkt werden, solange er seiner anstrengenden Pflicht nachgehen muss.

lenken zu lassen; auf Straßen ohne Bürgersteige, je nach Wunsch des Führers, auf der linken oder rechten Straßenseite zu führen und gegebenenfalls von der einen Seite auf die andere hinüber zu wechseln; auf Straßen mit Bürgersteigen stets diesen zu benutzen und an den Enden anzuhalten; auf im Weg stehende Hindernisse zu verweisen oder sie zu umgehen und Zusammenstöße mit anderen Menschen zu verhüten; Fußgängerstreifen aufzusuchen und zu benutzen; Treppen aufzusuchen und anzuzeigen; Sitzgelegenheiten im Freien, in Lokalen und Transportmitteln aufzusuchen und anzuzeigen; Haustüren aufzusuchen und anzuzeigen; in Häusern den Ausgang anzuzeigen; Ein- und Aussteigen bei Transportmitteln (Bahn, Straßenbahn, Bus); die vom Führer gewünschte Richtung einzuschlagen.

Das absolut zuverlässige Arbeiten muss vom Hund verlangt werden, weil ihm später ein nahezu hilfloser Mensch anvertraut werden soll. Bis es soweit ist, vergeht einige Zeit, denn die Ausbildung selbst nimmt ein Sehender vor. Bei täglicher, intensiver Arbeit rechnet man mit ungefähr sechs bis neun Monaten Lernzeit. Erst wenn sich der Ausbilder mit geschlossenen Augen in allen Situationen dem Hund anvertrauen kann, wird dieser dem Blinden übergeben. Der wiederum muss sorgfältig mit dem Hund und seiner Arbeitsweise vertraut gemacht werden, bevor sich die beiden nach einiger Zeit blind aufeinander verlassen können.

> **TIPP**
>
> Der Behinderten- oder Therapiehund muss gehorsam sein, Spielfreude und ein gutes Sozialverhalten haben: beim Deutschen Schäferhund dürfen wir diese Eigenschaften voraussetzen.

Das Tor zur Welt

Ein ganz neuer Zweig im weiten Betätigungsfeld des Deutschen Schäferhundes ist der des Behinderten- und Therapiehundes. In den USA werden seit 1977 Hunde zur Unterstützung therapeutischer Maßnahmen ausgebildet und mit Erfolg eingesetzt. Mittlerweile erkannte man auch diesseits des großen Teiches den Nutzen dieser „modernen" Therapieform und gründete 1992 den Verein Therapiehunde Schweiz (VTHS), von dem auch schon deutsche Therapeuten profitiert haben.

Dass sich das Zusammenleben mit Hund oder Katze positiv auf die Psyche des Menschen auswirkt, wurde durch medizinische Studien und in der Altersforschung nachgewiesen. Auch manche andere Krankheit kann durch die Anwesenheit eines Tieres günstig beeinflusst werden. Menschen, die mit Hunden im therapeutischen Bereich arbeiten, brauchen eine besondere Ausbildung und Schulung. Der

Umgang mit Behinderten, Alten und Kranken und dem Therapietier erfordert großes Einfühlungsvermögen.

Während sich Menschen beim Anblick von körperlich und geistig Behinderten eher abwenden, kann der Hund mit den Schwächen und Krankheiten eines Menschen sehr gut umgehen. Das macht ihn als Helfer so wertvoll und für den Betroffenen fast unverzichtbar.

Ein Behinderten-/Therapiehund muss allerhand aushalten können – vor allem im Zusammensein mit geistig behinderten Kindern – und er muss es ertragen, wenn Kinderhände in ihrer überschwänglichen Freude einmal etwas hart zufassen. Wer je die leuchtenden Kinderaugen sehen konnte, wenn die kleinen Hände nach sorgsamer Vorarbeit des Therapeuten zum ersten Mal einen Hund streicheln – zuerst ganz vorsichtig, dann aber eher heftig – ist vom positiven Einfluss von Hunden in der Therapie überzeugt.

Alte Menschen finden oft keinen Zugang mehr zu ihrer Umwelt. Das Gefühl, nicht mehr gebraucht zu werden, spielt dabei eine große Rolle. Hier kann wieder der Therapiehund helfen. Erstaunlich, wie die alten Menschen aufblühen, wenn im Alten- und Seniorenheim der Besuch eines solchen Hundes angesagt ist. Leider stellen sich die meisten Heimverwaltungen noch dagegen, alten Menschen etwas Lebensfreude durch Therapietiere zu vermitteln.

Für einen behinderten Menschen bedeutet der ausgebildete Begleithund ein großes Stück Selbstständigkeit und eine viel bessere Lebensqualität. Einfache Dinge wie Türen und Schubladen öffnen, den Telefonhörer bringen oder andere Gegenstände – wie die hingefallenen Gehhilfen – aufheben und bringen, das gehört zur täglichen Routinearbeit des Behindertenbegleithundes.

Als ausgebildeter Begleithund hat der Schäferhund hat das Zeug, einem behinderten Menschen zu einer deutlich besseren Lebensqualität zu verhelfen.

87

Ausstellung und Zucht

Rechte Seite:
Um zur Zucht zuge-
lassen zu werden, muss
der Schäferhund viele
Hürden überwinden.

So lange wie die Rassehundezucht existiert, gibt es auch Hundeausstellungen. Der eigene Hund ist immer der Schönste und Beste – aber sich auf einer Ausstellung mit anderen Konkurrenten messen, wer möchte das nicht doch einmal?

Auf zur SV-Zuchtschau!

Schon die Bezeichnung Zuchtschau lässt erkennen, dass es hier um mehr geht, als nur dem Richter einen „schönen" Hund vorzustellen. SV-Zuchtschauen sind auch zugleich Leistungsschauen. Nicht nur das äußere Erscheinungsbild wird beachtet – unser Hund muss beweisen, dass er ein „ganzer Schäferhund" ist. Der Vierbeiner, der beim Abfeuern eines Schusses sein Heil hinter Herrchens Rücken sucht, wird kaum später einer Zuchtkarriere entgegensehen können.

Der Verein für Deutsche Schäferhunde hat seine Zuchtschauordnung so entwickelt, dass es möglich ist, bei den Schauen bereits eine Auslese der späteren Zuchtkandidaten vorzunehmen. Dazu gehört unter Anderem die Vorstellung des Hundes im ausdauernden Trab, und auch – oder ganz besonders – muss das Wesen unseres Schäferhundes den Rassevorgaben entsprechen.

TIPP Einmal im Jahr veranstaltet der SV seine Bundessieger-Zuchtschau, auf der mehr als 2000 Schäferhunde um höchste Titel kämpfen.

Der Schäferhundbesitzer kann zwischen mehreren Hundert Zuchtschauen wählen, die der SV jährlich veranstaltet. Die Hunde werden nach Altersklassen beurteilt: in die Jugendklasse gehen Hunde im Alter von 12 bis 18 Monaten; ist der Hund 18 bis 24 Monate alt, meldet man ihn in der Junghundklasse und danach, wenn er mit zwei Jahren die vorgeschriebene Ausbildung durchlaufen hat, stellt er sich in der Gebrauchshundklasse.

Mit unserem Schäferhund züchten

Bei dem Kauf unseres Schäferhundes haben wir unter Anderem darauf geachtet, dass beide Elterntiere im Zuchtbuch eingetragen sind, bei Zuchtschauen mindestens die Note GUT erhalten und die Schutz-

Viel versprechender Schäferhundnachwuchs für den Züchter – den jungen Hundchen sind jetzt noch ganz andere Dinge wichtiger.

hundprüfung I bestanden haben. Außerdem haben sie mindestens die Körklasse II erreicht.

Meist entsteht der Wunsch zu züchten daraus, wenigstens einmal einen Wurf aufzuziehen. Das ist verständlich und auch eine wunderschöne Sache. Aber es gilt, vorab einige Dinge ernsthaft zu klären. Haben wir genügend Platz, einen Schäferhunde-Wurf aufzuziehen? Dabei müssen wir bedenken, dass die kleinen Racker mit acht Wochen schon ganz schöne „Brocken" sind und nicht ausschließlich in der Wohnung gehalten werden können – Garten mit Auslauf ist also unbedingt erforderlich.

Der zweite Faktor, über den wir uns Gedanken machen müssen, ist die Zeit. Ein Wurf muss beinahe rund um die Uhr betreut werden – kein Job also für Berufstätige. Mal so nebenbei einen Wurf aufziehen, das können wir ganz schnell vergessen.

Und nicht zuletzt ist zu bedenken, dass Welpenaufzucht viel Geld verschlingt. Die Vorstellung, dass man mit Hundezucht reich werden

90

kann, ist schlicht und einfach falsch. Da sind die Kosten für eine art-
gerechte Aufzuchtanlage, wenn die Hunde nicht mehr im Haus sein
können. Die Kleinen vertilgen Unmengen an Futter, Tierarztkosten
fallen an und die Ausgaben, die mit der Zuchtzulassung zusammen-
kommen, sind ebenfalls nicht außer Acht zu lassen. Nicht zuletzt die
Fahrt zum passenden Deckrüden und die Deckgebühr – all das sind
Vorkosten, die bei unseren Rechnungen mit Glück plus-minus-Null
aufgehen, wenn die Welpen verkauft werden.

Im Alter von mindestens zwölf Monaten muss unser Schäferhund
zum Röntgen auf Hüftgelenksdysplasie einem dafür anerkannten Tierarzt vorgestellt werden. Eine neutrale Stelle wertet die Röntgenauf-
nahmen aus. Ist der Befund HD-normal, HD-fast normal oder HD-
noch zugelassen, dürfen wir uns über den begehrten a-Stempel in die
Papiere freuen.

Wie schon erwähnt, steht vor allen anderen Prüfungen die Begleithundprüfung. Sie ist die Voraussetzung ist für die Schutzhundprüfung. Die Ausbildung zum Schutzhund setzt sich zusammen aus
Fährtenarbeit (Spurensuche), Unterordnung (Gehorsamsübungen) und
schließlich dem Schutzdienst (Verteidigungsbereitschaft). Wenigstens
das Bestehen der Schutzhund-I-Prüfung ist für die Zuchtzulassung erforderlich. Um seine körperliche Fitness unter Beweis zu stellen, legt
unser Schäferhund noch eine Ausdauerprüfung ab, die 20 Kilometer
im Dauertrab neben dem Fahrrad fordert.

Die Körung

Zur Zuchtzulassung fehlt dem Hund jetzt nur noch die Körung: eine
Zuchttauglichkeitsprüfung, in der besonders geeignete Zuchttiere her-
ausgestellt werden. Der Hund muss sich dabei einem umfangreichen
Test stellen, den er frühestens im Alter von zwei Jahren absolvieren
kann. Die Wesensprobe hat dabei eine zentrale Bedeutung.

Jedes Jahr werden fünf- bis sechstausend Deutsche Schäferhunde
für die Körung angemeldet. Nicht alle bestehen. Mit der Einstufung in
Körklasse 1 wird den Hunden die „höchstmögliche und zuchtempfeh-
lende" Qualifikation zugesprochen. Hunde der Körklasse 2 weisen ge-
ringfügige anatomische Mängel auf, genügen aber in ihrem Wesen
und sind noch zur Zucht geeignet.

Verzeichnisse

Adressen

Verein für Deutsche Schäfer-
hunde (SV) e. V.
Hauptgeschäftsstelle
Steinerne Furt 71
86167 Augsburg
Telefon 0821/74002-0
Fax 0821/703489
e-mail: info@schaeferhund.de

Österreichischer Verein für
Deutsche Schäferhunde (SVÖ)
Linzer Straße 342
A-1140 Wien
Telefon und Fax 01/9142249

Schweizer Schäferhund-Club
(SC)
Gulachenstraße 3
CH-5746 Walterswil
Telefon 062/7971749
Fax 062/7974623

Verband für das Deutsche
Hundewesen e. V. (VDH)
Hauptgeschäftsstelle
Westfalendamm 174
44141 Dortmund
Telefon 0231/56500-0
Fax 0231/592440

Österreichischer Kynologen-
verband
Johann-Teufel-Gasse 8
A-1238 Wien

Telefon 01/88870920
Fax 01/8882231

Schweizerische Kynologische
Gesellschaft (SKG)
Postfach 8276
CH-Bern
Telefon 031/3015819
Fax 031/3020215

Dachverband der Deutschen
Hundesportvereine (DDH)
Sulinger Straße 57
28857 Syke
Telefon 04242/50520

Deutscher Hundesportverband
e. V. (dhv)
Geschäftsstelle
Gustav-Sybrecht-Straße 42
44536 Lünen
Telefon 0231/87949

Bundesverband für das Ret-
tungshundewesen e. V.
Uwe Knaak
Holthofstraße 11
45659 Recklinghausen
Telefon 02361/21584

Deutsches Rotes Kreuz
Generalsekretariat
Auf dem Steinbüchel
53340 Meckenheim

Literatur

Baumann, D.: Beliebte Hunde. 3.
verbesserte Auflage. Verlag
Eugen Ulmer, Stuttgart 1998.
Baumann, D.: Der junge Hund,
3. verbesserte Auflage. Verlag
Eugen Ulmer, Stuttgart 1996.
Baumann, D.: Spiel und Spaß
mit meinem Hund. Verlag
Eugen Ulmer, Stuttgart 1997.
Finger, K.-H.: Hirten- und Hüte-
hunde. Verlag Eugen Ulmer,
Stuttgart 1988.
Meyer, H. und Zentek, J.: Hunde
richtig füttern. Verlag Eugen
Ulmer, Stuttgart 1997.
Räber, H.: Enzyklopädie der
Rassehunde, Band 1,
Franckh-Kosmos, Stuttgart
1993.
Schneider-Leyer, E.:
Der Deutsche Schäferhund.
2. verbesserte Auflage. Verlag
Eugen Ulmer, Stuttgart 1974.
SV Jubiläumsheft:
Der Deutsche Schäferhund –
100 Jahre – 1999.

Bildquellen

Die Zeichnungen fertigte
Christiane Gottschlich, Berlin,
nach Vorlagen der Verfasserin.

Bettina Banduhn, Rhauderfehn:
  Seite 17 unten.
Doris Baumann, Bad Urach:
  Seite 10, 37, 75.
Heike Chmielorz, Ohlstadt:
  Seite 83.
Geduldig/Brinkmann, Engels-
  brand: Seite 25.
Geduldig, Engelsbrand: Seite
  90.
Dr. Eva-Maria Götz, Stuttgart:
  Seite 8.
Thomas Höller, Freiburg: Seite
  39.
Juniors/B. Brinkmann, Rupol-
  ding: Seite 15.
Juniors/H. Farkaschovsky,
  Rupolding: Seite 89.
Juniors/H. Henle, Rupolding:
  Seite 14.
Juniors/J. Neukampf, Rupol-
  ding: Seite 94.
Juniors/J. u. P. Wegner, Rupol-
  ding: Seite 51.
Chris Kersten c/o Thomas Höl-
  ler, Freiburg: Seite 84.
J.-L. Klein & M.-L. Hubert, Lup-
  stein, Frankreich: Titelbild
  (groß), Umschlagrückseite,
  Seite 7, 17 oben, 20, 42, 47,
  57 oben, 77, 80/81.

Dieter Kothe, Stuttgart: Seite
  23, 28 unten, 41, 57 unten
  links und rechts, 69.
Naturfoto Kuczka, Wetter:
  Seite 3, 31.
Regina Kuhn, Stuttgart: Seite
  1, 44.
Hans Reinhard, Heiligkreuz-
  steinach: Seite 58.
Ulrike Schanz, Heimstetten:
  Titelbild (klein), Seite 4, 19,
  33, 87.
Sabine Stuewer, Darmstadt:
  Hund in der Kolumnenzeile,
  Seite 26, 28 oben, 49, 63.
Johann Theron, Pretoria, Süd-
  afrika : Seite 71.

Die Autorin

Doris Baumann befasst sich
seit vielen Jahren mit der Haltung, Zucht und Erziehung von
Hunden. Sie ist Chefredakteurin
zweier Hundezeitschriften und
hat mehrere Bücher rund um
das Thema Hunde veröffent-
licht.

Die Deutsche Bibliothek –
CIP-Einheitsaufnahme

Baumann, Doris: Deutsche
Schäferhunde / Doris Baumann.
- Stuttgart (Hohenheim) :
Ulmer 2000 (Heimtiere)
  ISBN 3-8001-7486-3

© 2000 Verlag Eugen Ulmer
GmbH & Co.
Wollgrasweg 41,
70599 Stuttgart (Hohenheim)
Printed in Germany
Lektorat: Dr. Eva-Maria Götz
Herstellung & DTP: Silke Reuter
Druck und Bindung:
Georg Appl, Wemding

Register

Wenn Sie mehr wissen wollen...

Dieses Buch beschreibt kompetent und praxisorientiert was zum Leben mit einem Golden Retriever gehört: Wie findet man den richtigen Welpen? Was braucht der Golden Retriever um ausgeglichen und gesund zu bleiben? Alles über Ernährung, Fellpflege, Gesunderhaltung, Beschäftigung bis zum Urlaub.

Golden Retriever.
U. Thumm, M. Schaal. Etwa 112 Seiten, 60 Farbfotos. ISBN 3-8001-7490-1.

Probleme mit dem Hund verstehen und vermeiden.
C. del Amo. Mit 6 speziellen Trainingsprogrammen. 1999. 190 Seiten, 56 Farbfotos. ISBN 3-8001-7468-5.

Wer einen Berner Sennenhund kaufen möchte oder bereits einen solchen Hund besitzt, erfährt hier in unterhaltsam geschriebener Form viel über Charakter, Neigungen und Vorlieben dieser Hunderasse. Damit wird ein Grundstein gelegt für ein gutes Verhältnis zu einem zufriedenen, gesunden und wohlerzogenen Hund.

Berner Sennenhunde.
A. Haug. 1998. 96 Seiten, 63 Farbfotos, 26 Zeichnungen. ISBN 3-8001-7399-9.

Die Körpersprache des Hundes. *Ausdrucksverhalten erkennen und verstehen. F. Ohl. 1999. 111 Seiten, 57 Farbfotos, 22 Zeichnungen. ISBN 3-8001-7445-6.*

Rottweiler eignen sich nicht nur als Schutz- und Sporthund, sondern bei richtigem Umgang und konsequenter Erziehung auch als Familienhund. Doch zu wem passt der Rottweiler, wie muss man ihn erziehen und halten, damit aus dem Hund ein zufriedener und gehorsamer Begleiter wird? Der Autor beantwortet in diesem Buch all diese Fragen.

Rottweiler. *T. Winter. 1999. 96 Seiten, 55 Fotos. ISBN 3-8001-7467-7.*

Spiel und Spaß mit meinem Hund. *Agility, Mobility, Obedience. Doris Baumann. 1997. 149 Seiten, 104 Farbfotos, 32 Zeichn. ISBN 3-8001-7377-8.*